KB212342

한글세대 보현행원품과
한문 보현행원품 사경

무비스님·조현춘 공역

운주사

서문

'사람은 어떻게 살아야 하는가?'

이 질문은 인간이 그 역사를 시작하면서부터 품어온 인간존재에 대한 본질적인 문제입니다. 기계 문명의 발달로 물질을 누리는 삶은 눈부시게 풍요롭고 편리하게 되었으나 '사람은 어떻게 살아야 하는가?'라는 문제에서는 실로 그 의문이 적지 않습니다. 이것은 매우 어려운 문제지만 '가장 사람답게 사는 일'이라고 할 수 있을 것입니다. 그렇습니다. 사람인 이상 무엇보다도 중요하며 우선해야 할 일은 '가장 사람답게 사는 일'입니다.

어떻게 사는 것이 가장 사람답게 사는 일이겠습니까? 그 문제에 대한 올바른 길을 제시하기 위해서 그동안 수많은 현철들이 세상에 오시어 많은 가르침들을 남겨 놓았습니다. 불교에서는 사람이 사는 올바른 길을 위한 팔만 사천의 가르침을 제시하고 있습니다.

대심 조현춘 교수님께서 '금강경 원고'를 들고 소승을 처음 찾아 온 것도 벌써 20여년의 세월이 흘렀습니다. 처음에는 조금은 뜬금없다는 생각도 했습니다만, 교수님께서는 '인류 정신문화를 대표하는 경전들'을 현대어로 완벽하게 번역하기 위해 50년 세월을 꾸준히 노력해 오셨습니다. 교수님께서는 늘 '저는 화화회(화엄경과 화이트헤드 연구회) 학자들이 다 만들어 놓은 것을 스님께 가지고 왔을 뿐입니다'면서 모든 공덕을 화화회에 돌리셨습니다. 어떤 의미에서는 교수님의 말씀이 옳습니다. 아무리 능력 있고 아무리 노력한다 한들 개인이 이렇게 큰일을 할 수는 없습니다. 20년이 넘는 세월을 꾸준히 매주 모임을 갖는 학자님들의 모임은 전 세계에서도 유례를 찾아보기 힘들다고 합니다. 화화회의 학자님들에게 존경과 감사의 말씀을 드립니다.

교수님께서는 '행복하고 빛이 나고 향기 났던 사람들과 행복하고 빛이 나고 향기 나는 사람들은 거의 전부가 금강경을 독송했던 사람'이라면서 최근에는 '가사체 금강경 독송회'를 결성하였습니다. 이 모임을 통해 부처님의 진리, 즉 '사람답게 사는 방법'을 체화하여, 이생에서도 많은 행복을 누리시고, 내생에서는 극락왕생하시기를 축원드립니다.

『가사체 불교경전과 한글세대 불교경전』을 중심으로 『가사체 금강경과 조계종 금강경』, 『The Diamond Sutra 가사체 금강경』을 출판하였습니다. 도반님들의 요청으로 『가사체 금강경과 한문 금강경 사경』을 시작으로 약사경 부모은중경 보현행원품 승만경 아미타경 관음경 반야심경 천수경 등의 사경집도 출판할 예정이라 하니 가히 기쁜 일입니다.

모쪼록 참 진리인 부처님 말씀을 지금의 우리말 우리글로 사경하고 독송하여, 그 인연공덕으로 삶의 의미를 깨닫고 행복하시기를 축원 드립니다.

불기 2566년(서기 2022년) 여천如天 무비無比 합장

한글세대 보현행원품과
한문 보현행원품 사경

漢文 普賢行願品
한 문 보 현 행 원 품

般若 漢文譯/ 무비스님·조현춘 교감
반 야   한 문 역

보현행원품은 화엄경의 일부입니다. 화엄경은 60권본과 80권본과 40권본이 있습니다. 60권본은 불타발타라가 서기 422년 동진시대에 양주 도량사에서 한문역한 것이고, 80권본은 실차난다가 서기 695년 당나라때에 동도 변공사에서 한문역한 것이고, 40권본은 반야삼장이 798년 당나라 때에 한문역한 것입니다.

반야삼장이 번역한 40권본 화엄경 전체의 이름이 대방광불화엄경 입부사의 해탈경계 보현행원품입니다. 이름은 달라도 60권본 화엄경과 80권본 화엄경의 입법계품에 해당합니다. 여기서 입부사의해탈경계보현행원품 한 품의 분량이 40권이나 됩니다. 그런데 우리가 통상 보현행원품이라고 하는 것은 40권본 화엄경의 마지막 제40권만을 말합니다.

이러한 연유로 해인사 고려대장경의 대방광불화엄경 입부사의해탈경계 보현행원품(반야역) 제40권을 저본으로 하여 이 책을 꾸몄습니다. 통상 80화엄경 끝 즉 제 39 입법계품 뒤에 붙여서 제 81권 제 40 보현행원품이라고들 합니다.

지금 대한민국에는 출처가 분명하지 않은 한문 보현행원품 / 불교경전들이 많이 유통되고 있습니다. 우리는 참으로 자랑스러운 〈고려대장경〉을 가지고 있습니다. 경전을 출판할 때에는, 〈정확하기로 유명한 고려대장경〉을 활용하는 것이 옳다고 봅니다. 손쉽다고 하여, 오자 탈자 투성이인 유통본을 그대로 베껴서 경전을 출판하는 일은 없기를 축원드립니다.

한글세대 보현행원품

무비스님·조현춘 공역

보현행원품의 정식 이름은 '대광방불화엄경 입부사의해탈경계 보현행원품'입니다. 간단히 보현행원품이라고 말합니다. 화엄경은 부처님께서 깨달음을 이루신 후 깨달음의 세계를 있는 그대로 설하신 경입니다. 분량도 매우 방대합니다. 그래서 대부분의 불자님들은 화엄경이라는 말만 들었지 실제로 다 읽지는 못합니다. 그래서 입법계품만을 읽기도 하고, 보현행원품만을 읽기도 합니다. 보현행원품에는 화엄경 내용이 다 있습니다.

원래 경은 장이나 절의 구분 없이 품 정도로만 구분되어있었습니다. 그러나 세월이 지나면서 서론-본론-결론 혹은 법회인유분-정종분-유통분 여타 다양한 방식으로 구분하게 되었습니다. 보현행원품에 대해서도 다양한 구분이 가능할 것입니다. 엄격히 말하면, 이러한 구분부터가 논에 속할 것입니다.

또한 우리말답게 번역하려고 노력하였습니다. 아무리 노력해도 완전한 번역은 불가능하겠지만, 그래도 노력은 하였습니다. 각 언어에는 그 언어의 특성이 있습니다. 여기서 자세히 나열하지는 못하지만, 산스끄리뜨어는 명사중심 수동형 언어이고, 영어는 대명사중심 조동사중심 언어이며, 우리말은 명사중심 동사중심 능동형 언어입니다. 또한 우리말에서는 부정문이 긍정문보다 앞에 있어야 합니다. 산스끄리뜨어나 영어나 한문에서는 긍정문이 부정문보다 앞에 있어야 합니다.

淨口業眞言
정구업진언

수리수리 마하수리 수수리 사바하(세번)

五方內外安慰諸神眞言
오방내외안위제신진언

나무 사만다 못다남

옴 도로도로 지미 사바하(세번)

開法藏眞言
개법장진언

無上甚深微妙法 百千萬劫難遭遇
무상심심미묘법 백천만겁난조우

我今聞見得受持 願解如來眞實義
아금문견득수지 원해여래진실의

옴 아라남 아라다(세번)

입으로 지은 업을 씻어내는 진언
깨끗이~ 깨끗하게 참으로~ 깨끗하게
완전히~ 깨끗하게 깨끗이~ 살렵니다.
수리수리 마하수리 수수리 사바하(세번)

부처님과 성중님을 모셔오는 진언
일체모든부처님~ 일체모든 성중님~
이자리에 편안하게 임하시어 주옵소서.
나무 사만다 못다남
옴 도로도로 지미 사바하(세번)

경전 독송 전의 진언
높디높고 깊디깊은 부처님말씀
백천만겁 지나가도 듣기힘든데
제가지금 보고들어 지니었으니
부처님의 진실한뜻 이루렵니다.
옴 아라남 아라다(세번)

一. 序論
일 서론

①

爾時 普賢菩薩摩訶薩 稱歎如來勝
이 시 보현보살마하살 칭 탄 여래승

功德已, 告諸菩薩 及善財言.
공 덕 이 고 제 보 살 급 선 재 언

②

善男子 如來功德 假使 十方 一切諸
선 남 자 여래공덕 가 사 시 방 일 체 제

佛 經 不可說不可說 佛刹極微塵數
불 경 불 가 설 불 가 설 불 찰 극 미 진 수

劫 相續演說 不可窮盡.
겁 상 속 연 설 불 가 궁 진

③

若欲成就 此功德門, 應修十種廣大
약 욕 성 취 차 공 덕 문 응 수 십 종 광 대

行願.
행 원

④

何等 爲十. 一者 禮敬諸佛, 二者 稱
하 등 위 십 일 자 예 경 제 불 이 자 칭

1장 서론

①

부처님의 높으신 공덕장엄을 찬양찬탄하고 나서, 보현 보살님께서 말씀하셨습니다.

②

선재 동자님! 부처님의 공덕장엄은 시방 세계 모든 부처님들께서 불가설불가설 불찰극미진수 겁 동안 계속 말씀하시더라도 다 말씀하시지 못하십니다.

③

이러한 공덕장엄을 이루려면, 열 가지 넓고 큰 행원을 닦아야 합니다.

④

열 가지란 무엇입니까? 첫째는 부처님

讚如來, 三者 廣修供養, 四者 懺悔
찬 여 래 삼 자 광 수 공 양 사 자 참 회

業障, 五者 隨喜功德, 六者 請轉法
업 장 오 자 수 희 공 덕 육 자 청 전 법

輪, 七者 請佛住世, 八者 常隨佛學,
륜 칠 자 청 불 주 세 팔 자 상 수 불 학

九者 恒順眾生, 十者 普皆廻向.
구 자 항 순 중 생 십 자 보 개 회 향

들을 예배공경 하는 것이요, 둘째는 부처님들의 공덕장엄을 찬양찬탄 하는 것이요, 셋째는 부처님들께 많은 것을 공양하는 것이요, 넷째는 업장들을 모두 참회하는 것이요, 다섯째는 남의 공덕행동들을 모두 기쁜 마음으로 따라 행하는 것이요, 여섯째는 설법해 주시기를 간절히 청하는 것이요, 일곱째는 부처님 등께 이 세상에 계셔 주시기를 간절히 청하는 것이요, 여덟째는 부처님의 법을 항상 전하는 것이요, 아홉째는 모든 중생들을 항상 편안하게 모시는 것이요, 열째는 나의 공덕을 모두 중생들에게 회향하는 것입니다.

⑤

善財白言. 大聖 云何禮敬 乃至廻
선 재 백 언　　　대 성　운 하 예 경　내 지 회

向.
향

⑥

普賢菩薩 告善財言.
보 현 보 살　고 선 재 언

二. 十種廣大行願
이　　십 종 광 대 행 원

第 一 行願 : 禮敬諸佛
제 일 행 원　　예 경 제 불

①

善男子 言 禮敬諸佛者.
선 남 자 언　예 경 제 불 자

②

所有 盡法界 虛空界 十方三世 一切
소 유　진 법 계　허 공 계　시 방 삼 세　일 체

⑤

선재 동자님께서 말씀하셨습니다. 대성 현님이시여! 첫째인 예배공경에서부터 열째인 회향까지를 전부 「어떻게 하는 것인지」가르쳐 주십시오.

⑥

보현 보살님께서 말씀하셨습니다.

2장 열 가지 넓고 큰 행원

제1 행원 : 부처님을 예배 공경함

①

선재 동자님! 부처님들을 예배공경 하는 것에 관해 말씀드리겠습니다.

②

'보현행원의 힘에 의지하여, 진법계 허

佛刹 極微塵數 諸佛世尊 我 以普賢
불찰 극미진수 제불세존 아 이보현

行願力故 起深信解 如對目前 悉以
행원력고 기심신해 여대목전 실이

清淨身語意業 常修禮敬.
청정신어의업 상수예경

③

一一佛所 皆現 不可說不可說 佛刹
일일불소 개현 불가설불가설 불찰

極微塵數 身, 一一身 偏禮 不可說
극미진수 신 일일신 변례 불가설

不可說 佛刹極微塵數 佛.
불가설 불찰극미진수 불

④

虛空界盡 我禮乃盡, 以虛空界 不可
허공계진 아례내진 이허공계 불가

盡故 我此禮敬 無有窮盡.
진고 아차예경 무유궁진

⑤

如是 乃至 衆生界盡 衆生業盡 衆生
여시 내지 중생계진 중생업진 중생

18

공계 시방 삼세 불찰극미진수 모든 부
처님들을 바로 눈앞에 계시듯이 깊이 믿
고, 몸과 말과 마음을 다 하여 항상 예배
공경 하겠습니다.

③

부처님 계신 곳곳마다 불가설불가설 불
찰극미진수 몸을 나타내고, 낱낱 몸으로
불가설불가설 불찰극미진수 모든 부처
님들을 항상 예배공경 하겠습니다.

④

허공계가 끝나면 저의 예배공경도 끝나
겠지만, 허공계가 끝나지 않는 한 저의
예배공경도 끝나지 않을 것입니다.

⑤

중생계가 끝나고 중생의 업이 끝나고 중

煩惱盡 我禮乃盡, 而眾生界 乃至煩
번 뇌 진 아 례 내 진 이 중 생 계 내 지 번

惱 無有盡故 我此禮敬 無有窮盡.
뇌 무 유 진 고 아 차 예 경 무 유 궁 진

⑥

念念相續 無有間斷 身語意業 無有
염 념 상 속 무 유 간 단 신 어 의 업 무 유

疲厭.
피 염

第 二 行願 : 稱讚如來
제 이 행 원 칭 찬 여 래

①

復次 善男子 言 稱讚如來者.
부 차 선 남 자 언 칭 찬 여 래 자

생의 번뇌가 끝나면 저의 예배공경도 끝
나겠지만, 중생계나 중생의 업이나 중생
의 번뇌가 끝나지 않는 한 저의 예배공
경도 끝나지 않을 것입니다.

⑥

힘들어하거나 지겨워하지 않고 몸과 말과
마음을 다 하여, 끊임없이 계속 예배공경
하겠습니다'라고 행원하는 것입니다.

제2 행원 : 공덕장엄 찬양찬탄함

①

선재 동자님! 부처님들의 공덕장엄을
찬양찬탄 하는 것에 관해 말씀드리겠습
니다.

②

所有 盡法界 虛空界 十方三世 一切
소유　진법계　허공계　시방삼세　일체

刹土 所有極微 一一塵中 皆有 一切
찰토　소유극미　일일진중　개유　일체

世界 極微塵數 佛.
세계　극미진수　불

③

一一佛所 皆有菩薩 海會圍遶 我當
일일불소　개유보살　해회위요　아당

悉以甚深勝解 現前知見.
실이심심승해　현전지견

④

各以出過 辯才天女 微妙舌根, 一一
각이출과　변재천녀　미묘설근　일일

舌根 出 無盡音聲海, 一一音聲 出
설근　출　무진음성해　일일음성　출

一切言辭海 稱揚讚歎 一切如來 諸
일체언사해　칭양찬탄　일체여래　제

②

'진법계 허공계 시방 삼세 불찰극미진 낱낱 티끌 속마다 불찰극미진수 계시는 모든 부처님들의 공덕장엄을 찬양찬탄 하겠습니다.

③

많은 보살님들께 들러싸여 계시는, 한 분 한 분 부처님들의 공덕장엄을 모두 바로 눈 앞에 계시듯이 깊이 믿고 찬양 찬탄 하겠습니다.

④

음악의 여신보다 더 아름다운 소리를 내고, 낱낱 소리마다 여러 음성을 내고, 낱 낱 음성마다 온갖 말을 하여서, 미래세 가 다 하도록 계속 부처님들의 한량없는

功德海, 窮未來際 相續不斷 盡於法
공 덕 해　궁 미 래 제　상 속 부 단　진 어 법

界 無不周徧.
계　무 불 주 변

⑤

如是 虛空界盡 衆生界盡 衆生業盡
여 시　허 공 계 진　중 생 계 진　중 생 업 진

衆生煩惱盡 我讚乃盡, 以虛空界 乃
중 생 번 뇌 진　아 찬 내 진　이 허 공 계　내

至煩惱 無有盡故 我此讚歎 無有窮
지 번 뇌　무 유 진 고　아 차 찬 탄　무 유 궁

盡.
진

⑥

念念相續 無有間斷 身語意業 無有
염 념 상 속　무 유 간 단　신 어 의 업　무 유

疲厭.
피 염

공덕장엄을 온 법계에 두루 찬양찬탄 하겠습니다.

⑤

허공계가 끝나고 중생계가 끝나고 중생의 업이 끝나고 중생의 번뇌가 끝나면 저의 찬양찬탄도 끝나겠지만, 허공계나 중생계나 중생의 업이나 중생의 번뇌가 끝나지 않는 한 저의 찬양찬탄도 끝나지 않을 것입니다.

⑥

힘들어하거나 지겨워하지 않고 몸과 말과 마음을 다 하여, 끊임없이 계속 찬양찬탄 하겠습니다'라고 행원하는 것입니다.

第三 行願：廣修供養
제 삼 행원 광 수 공 양

①

復次 善男子 言 廣修供養者.
부 차 선 남 자 언 광 수 공 양 자

②

所有 盡法界 虛空界 十方三世 一切
소 유 진 법 계 허 공 계 시 방 삼 세 일 체

佛刹 極微塵中 一一各有 一切世界
불 찰 극 미 진 중 일 일 각 유 일 체 세 계

極微塵數 佛, 一一佛所 種種菩薩
극 미 진 수 불 일 일 불 소 종 종 보 살

海會圍遶 我 以普賢行願力故 起深
해 회 위 요 아 이 보 현 행 원 력 고 기 심

信解 現前知見.
신 해 현 전 지 견

③

悉以上妙諸供養具 而爲供養.
실 이 상 묘 제 공 양 구 이 위 공 양

④

所謂 華雲 鬘雲 天音樂雲 天傘蓋雲
소 위 화 운 만 운 천 음 악 운 천 산 개 운

제3 행원 : 부처님께 많이 공양함

①

선재 동자님! 부처님들께 많은 것을 공양하는 것에 관해 말씀드리겠습니다.

②

'보현행원의 힘에 의지하여, 진법계 허공계 시방 삼세 불찰극미진 낱낱 티끌 속마다 불찰극미진수 계시며, 많은 보살님들께 둘러싸여 계시는 부처님들을 한 분 한 분 모두 바로 눈 앞에 계시듯이 깊이 믿고 공양하겠습니다.

③

정말 귀중한 것들을 공양하겠습니다.

④

꽃과 꽃다발과 좋은 음악과 좋은 양산과

天衣服雲.
천 의 복 운

⑤

天種種香.
천 종 종 향

⑥

塗香 燒香 末香, 如是等雲 一一量
도 향 소 향 말 향　여 시 등 운 일 일 양

如須彌山王.
여 수 미 산 왕

⑦

然 種種燈.
연 종 종 등

⑧

酥燈 油燈 諸香油燈, 一一燈炷 如
소 등 유 등 제 향 유 등　일 일 등 주 여

須彌山, 一一燈油 如大海水, 以如
수 미 산　일 일 등 유 여 대 해 수　이 여

是燈 諸供養具 常爲供養.
시 등 제 공 양 구 상 위 공 양

⑨

善男子 諸供養中 法供養 最 所謂
선 남 자 제 공 양 중 법 공 양 최 소 위

좋은 옷을 공양하겠습니다.

⑤

가지가지 좋은 향을 공양하겠습니다.

⑥

바르는 향과 태우는 향과 뿌리는 향을, 각각 수미산만큼 많이 공양하겠습니다.

⑦

가지가지 등을 공양하겠습니다.

⑧

우유 등과 기름 등과 향유 등을, 낱낱 심지를 수미산만큼 크게, 낱낱 기름을 바닷물만큼 많이, 항상 공양하겠습니다'라고 행원하는 것입니다.

⑨

선재 동자님! 부처님 말씀대로 수행하는 법 공양이 모든 공양가운데에 가장

如說修行供養.
여 설 수 행 공 양

⑩

利益衆生供養 攝受衆生供養 代衆
이 익 중 생 공 양 섭 수 중 생 공 양 대 중

生苦供養 勤修善根供養 不捨菩薩
생 고 공 양 근 수 선 근 공 양 불 사 보 살

業供養 不離菩提心供養.
업 공 양 불 리 보 리 심 공 양

⑪

善男子 如前供養 無量功德 比法供
선 남 자 여 전 공 양 무 량 공 덕 비 법 공

養 一念功德 百分 不及一 千分 不
양 일 념 공 덕 백 분 불 급 일 천 분 불

及一 百千俱胝那由他分 迦羅分 算
급 일 백 천 구 지 나 유 타 분 가 라 분 산

分 數分 諭分 優波尼沙陀分 亦不及
분 수 분 유 분 우 파 니 사 타 분 역 불 급

一.
일

으뜸입니다.

⑩

중생을 이롭게 하는 공양과, 중생을 포용하고 수용하는 공양과, 중생의 고통을 대신 받아주는 공양과, 선근을 부지런히 닦는 공양과, 보살다운 행동을 계속하는 공양과, 보살다운 마음을 유지하는 공양 등이 법 공양입니다.

⑪

선재 동자님! 앞에서 말한 여러 재물 공양의 공덕도 한량없이 많으나 잠시 동안의 법 공양의 공덕에 비하면, 백분의 일에도 미치지 못하며 천분의 일에도 미치지 못하며, 백천 만억 조경분의 일에도 미치지 못합니다.

⑫

何以故 以諸如來尊重法故 以如說
하 이 고 이 제 여 래 존 중 법 고 이 여 설

行 出生諸佛故 若諸菩薩 行法供養
행 출 생 제 불 고 약 제 보 살 행 법 공 양

則得成就供養如來 如是修行 是眞
즉 득 성 취 공 양 여 래 여 시 수 행 시 진

供養故 此廣大最勝供養.
공 양 고 차 광 대 최 승 공 양

⑬

虛空界盡 衆生界盡 衆生業盡 衆生
허 공 계 진 중 생 계 진 중 생 업 진 중 생

煩惱盡 我供乃盡, 而虛空界 乃至煩
번 뇌 진 아 공 내 진 이 허 공 계 내 지 번

惱 不可盡故 我此供養 亦無有盡.
뇌 불 가 진 고 아 차 공 양 역 무 유 진

⑫

부처님들께서 법을 존중하시기 때문에,
부처님들께서 말씀하신대로 행하면 부
처님이 되기 때문에, 법 공양을 하는 것
이 참으로 부처님께 공양하는 것이며,
참된 공양이며, 가장 넓고 가장 큰 공양
입니다.

⑬

'허공계가 끝나고 중생계가 끝나고 중생
의 업이 끝나고 중생의 번뇌가 끝나면
저의 공양도 끝나겠지만, 허공계나 중생
계나 중생의 업이나 중생의 번뇌가 끝나
지 않는 한 저의 공양도 끝나지 않을 것
입니다.

念念相續 無有間斷 身語意業 無有
염 념 상 속 무 유 간 단 신 어 의 업 무 유

疲厭.
피 염

第 四 行 願 : 懺 悔 業 障
제 사 행 원 참 회 업 장

①

復次 善男子 言 懺悔業障者.
부 차 선 남 자 언 참 회 업 장 자

②

菩薩 自念.
보 살 자 념

③

我 於過去無始劫中 由貪瞋癡 發身
아 어 과 거 무 시 겁 중 유 탐 진 치 발 신

口意 作諸惡業 無量無邊.
구 의 작 제 악 업 무 량 무 변

⑭

힘들어하거나 지겨워하지 않고 몸과 말
과 마음을 다 하여, 끊임없이 계속 공양
하겠습니다'라고 행원하는 것입니다.

제4행원 : 업장들을 모두 참회함

①

선재 동자님! 업장들을 모두 참회하는
것에 관해 말씀드리겠습니다.

②

항상 참회하는 보살이 되어야 합니다.

③

'한량없는 겁을 내려오면서 탐내는 마음
과 성내는 마음과 어리석은 마음에서 몸
과 말과 마음으로 한량없이 많디 많은

④

若此惡業 有體相者 盡虛空界 不能
약 차 악 업　유 체 상 자　진 허 공 계　불 능

容受.
용 수

⑤

我今 悉以清淨三業 徧於法界 極微
아 금　실 이 청 정 삼 업　변 어 법 계　극 미

塵刹 一切諸佛 菩薩眾前 誠心懺悔.
진 찰　일 체 제 불　보 살 중 전　성 심 참 회

⑥

後不復造 恒住淨戒 一切功德.
후 불 부 조　항 주 정 계　일 체 공 덕

⑦

如是 虛空界盡 眾生界盡 眾生業盡
여 시　허 공 계 진　중 생 계 진　중 생 업 진

眾生煩惱盡 我懺乃盡, 而虛空界 乃
중 생 번 뇌 진　아 참 내 진　이 허 공 계　내

至眾生煩惱 不可盡故 我此懺悔 無
지 중 생 번 뇌　불 가 진 고　아 차 참 회　무

악한 업을 지었습니다.

④

저의 악업이 형체가 있다면 허공계를 다
채우고도 남을 것입니다.

⑤

이제 몸과 말과 마음을 다 하여, 불찰극
미진수 모든 부처님들과 보살님들께 지
성으로 참회합니다.

⑥

다시는 악한 행동을 하지 않고 항상 청
정 계율을 지키며, 모든 공덕을 다 짓겠
습니다.

⑦

허공계가 끝나고 중생계가 끝나고 중생
의 업이 끝나고 중생의 번뇌가 끝나면
저의 참회도 끝나겠지만, 허공계나 중생

有窮盡.
유 궁 진

⑧

念念相續 無有間斷 身語意業 無有
염 념 상 속 무 유 간 단 신 어 의 업 무 유

疲厭.
피 염

第 五 行 願 : 隨喜功德
제 오 행 원 수 희 공 덕

①

復次 善男子 言 隨喜功德者.
부 차 선 남 자 언 수 희 공 덕 자

②

所有 盡法界 虛空界 十方三世 一切
소 유 진 법 계 허 공 계 시 방 삼 세 일 체

계나 중생의 업이나 중생의 번뇌가 끝나지 않는 한 저의 참회도 끝나지 않을 것입니다.

⑧

힘들어하거나 지겨워하지 않고 몸과 말과 마음을 다 하여, 끊임없이 계속 참회하겠습니다'라고 행원하는 것입니다.

제5 행원 : 남의 공덕 모두 따라함

①

선재 동자님! 남의 공덕행동들을 모두 기쁜 마음으로 따라 행하는 것에 관해 말씀드리겠습니다.

②

'진법계 허공계 시방 삼세 불찰극미진수

佛刹 極微塵數 諸佛如來 從初發心
불 찰 극 미 진 수 제 불 여 래 종 초 발 심

爲一切智 勤修福聚 不惜身命 經 不
위 일 체 지 근 수 복 취 불 석 신 명 경 불

可說不可說 佛刹極微塵數 劫, 一一
가 설 불 가 설 불 찰 극 미 진 수 겁 일 일

劫中 捨 不可說不可說 佛刹極微塵
겁 중 사 불 가 설 불 가 설 불 찰 극 미 진

數 頭目手足.
수 두 목 수 족

③

如是 一切難行苦行, 圓滿種種 派羅
여 시 일 체 난 행 고 행 원 만 종 종 바 라

蜜門, 證入種種 菩薩智地, 成就諸
밀 문 증 입 종 종 보 살 지 지 성 취 제

佛無上菩提 及般涅槃 分布舍利 所
불 무 상 보 리 급 반 열 반 분 포 사 리 소

有善根 我皆隨喜.
유 선 근 아 개 수 희

모든 부처님들께서 처음 발심하실 때로부터 모든 지혜를 이루실 때까지 목숨도 아끼지 않으며, 불가설불가설 불찰극미진수 낱낱 겁마다 불가설불가설 불찰극미진수 머리와 눈과 손발을 바치신 복덕 행동을 모두 기쁜 마음으로 따라 행하겠습니다.

③

가지가지 난행고행을 닦고, 가지가지 바라밀을 행하고, 가지가지 보살경계를 이루고, 최고 바른 깨달음을 이루고 열반에 드신 뒤 사리를 분포하실 때까지 지으신, 부처님의 선근들을 모두 기쁜 마음으로 따라 행하겠습니다.

④

及彼十方 一切世界 六趣四生 一切
급 피 시 방　일 체 세 계　육 취 사 생　일 체

種類 所有功德 乃至一塵 我皆隨喜.
종 류　소 유 공 덕　내 지 일 진　아 개 수 희

⑤

十方三世 一切聲聞 及辟支佛 有學
시 방 삼 세　일 체 성 문　급 벽 지 불　유 학

無學 所有功德 我皆隨喜.
무 학　소 유 공 덕　아 개 수 희

⑥

一切菩薩 所修無量難行苦行 志求
일 체 보 살　소 수 무 량 난 행 고 행　지 구

無上正等菩提 廣大功德 我皆隨喜.
무 상 정 등 보 리　광 대 공 덕　아 개 수 희

⑦

如是 虛空界盡 衆生界盡 衆生業盡
여 시　허 공 계 진　중 생 계 진　중 생 업 진

衆生煩惱盡 我此隨喜 無有窮盡.
중 생 번 뇌 진　아 차 수 희　무 유 궁 진

④

시방의 육도 사생 모든 중생들의 티끌만한 공덕행동도 모두 기쁜 마음으로 따라 행하겠습니다.

⑤

시방 삼세 모든 성문과 연각과 유학과 무학들의 공덕행동도 모두 기쁜 마음으로 따라 행하겠습니다.

⑥

최고 바른 깨달음을 이루기 위해 한량없는 난행고행을 닦은 보살들의 「넓고 큰 공덕행동」을 모두 기쁜 마음으로 따라 행하겠습니다.

⑦

허공계가 끝나고 중생계가 끝나고 중생의 업이 끝나고 중생의 번뇌가 끝날 때

念念相續 無有間斷 身語意業 無有
염 념 상 속 무 유 간 단 신 어 의 업 무 유

疲厭.
피 염

第 六 行 願 : 請 轉 法 輪
제 육 행 원 청 전 법 륜

①

復次 善男子 言 請轉法輪者.
부 차 선 남 자 언 청 전 법 륜 자

②

所有 盡法界 虛空界 十方三世 一切
소 유 진 법 계 허 공 계 시 방 삼 세 일 체

佛刹 極微塵中 一一各有 不可說不
불 찰 극 미 진 중 일 일 각 유 불 가 설 불

까지 기쁜 마음으로 계속 따라 행하겠습니다.

⑧

힘들어하거나 지겨워하지 않고 몸과 말과 마음을 다 하여, 끊임없이 계속 기쁜 마음으로 따라 행하겠습니다'라고 행원하는 것입니다.

제6 행원 : 설법하길 간절히 청함

①

선재 동자님! 설법해 주시기를 간절히 청하는 것에 관해 말씀드리겠습니다.

②

'진법계 허공계 시방 삼세 불찰극미진 낱낱 티끌 속마다 불가설불가설 불찰극

可說 佛刹極微塵數 廣大佛刹 一一
가설 불찰극미진수 광대불찰 일일

刹中 念念有 不可說不可說 佛刹極
찰중 염념유 불가설불가설 불찰극

微塵數一切諸佛.
미진수일체제불

③

成等正覺 一切菩薩 海會圍遶 而我
성등정각 일체보살 해회위요 이아

悉以身口意業 種種方便 慇懃勸請
실이신구의업 종종방편 은근권청

轉妙法輪.
전묘법륜

④

是 虛空界盡 衆生界盡 衆生業盡 衆
시 허공계진 중생계진 중생업진 중

生煩惱盡 我常勸請 一切諸佛 轉正
생번뇌진 아상권청 일체제불 전정

法輪 無有窮盡.
법륜 무유궁진

⑤

念念相續 無有間斷 身語意業 無有
염념상속 무유간단 신어의업 무유

미진수 계시는 부처님들께 설법해 주시
기를 간절히 청하겠습니다.

③

많은 보살님들께 둘러싸여 계시는, 최고
바른 깨달음을 얻으신 한 분 한 분 부처
님들께 미묘법문을 설해 주시기를, 몸과
말과 마음을 다 하고, 가지가지 방법을
다 써서 간절히 청하겠습니다.

④

허공계가 끝나고 중생계가 끝나고 중생
의 업이 끝나고 중생의 번뇌가 끝날 때까
지 한 분 한 분 부처님들께 바른 법을 설
해 주시기를 계속 간절히 청하겠습니다.

⑤

힘들어하거나 지겨워하지 않고 몸과 말

疲厭.
피 염

第 七 行 願 : 請佛住世
제 칠 행 원   청 불 주 세

①

復次 善男子 言 請佛住世者.
부차 선 남 자 언 청 불 주 세 자

②

所有 盡法界 虛空界 十方三世 一切
소유 진 법 계 허 공 계 시 방 삼 세 일 체

佛刹 極微塵數 諸佛如來 將欲示現
불 찰 극 미 진 수 제 불 여 래 장 욕 시 현

般涅槃者 及諸菩薩 聲聞 緣覺 有學
반 열 반 자 급 제 보 살 성 문 연 각 유 학

과 마음을 다 하여, 끊임없이 계속 간절
히 청하겠습니다'라고 행원하는 것입니
다.

　　제7 행원 : 이 세상에 계시길 청함

①

선재 동자님! 부처님 등께 이 세상에 계
셔 주시기를 간절히 청하는 것에 관해
말씀드리겠습니다.

②

'진법계 허공계 시방 삼세 불찰극미진
수, 반열반에 드시려는 부처님들과 열반
에 드시려는 보살님들과 성문과 연각과
유학과 무학과 선지식들께 열반에 들지

無學 乃至 一切諸善知識 我悉勸請
무 학 내 지 일 체 제 선 지 식 아 실 권 청

莫入涅槃 經 於一切佛刹 極微塵數
막 입 열 반 경 어 일 체 불 찰 극 미 진 수

劫 爲欲利樂 一切衆生.
겁 위 욕 이 락 일 체 중 생

③

如是 虛空界盡 衆生界盡 衆生業盡
여 시 허 공 계 진 중 생 계 진 중 생 업 진

衆生煩惱盡 我此勸請 無有窮盡.
중 생 번 뇌 진 아 차 권 청 무 유 궁 진

④

念念相續 無有間斷 身語意業 無有
염 념 상 속 무 유 간 단 신 어 의 업 무 유

疲厭.
피 염

第 八 行願 : 常隨佛學
제 팔 행 원 상 수 불 학

①

復次 善男子 言 常隨佛學者.
부 차 선 남 자 언 상 수 불 학 자

마시고 이 세상에 계셔 주시기를 불찰극
미진수 겁 동안 계속, 중생들의 행복을
위해, 간절히 청하겠습니다.

③

허공계가 끝나고 중생계가 끝나고 중생
의 업이 끝나고 중생의 번뇌가 끝날 때
까지 계속 간절히 청하겠습니다.

④

힘들어하거나 지겨워하지 않고 몸과 말
과 마음을 다 하여, 끊임없이 계속 간절
히 청하겠습니다'라고 행원하는 것입니다.

제8 행원 : 온 세상에 항상 전법함

①

선재 동자님! 부처님의 법을 항상 전하

如此娑婆世界　毘盧遮那如來　從初
여 차 사 바 세 계　비 로 자 나 여 래　종 초

發心　精進不退　以不可說不可說　身
발 심　정 진 불 퇴　이 불 가 설 불 가 설　신

命　而爲布施　剝皮爲紙　析骨爲筆　刺
명　이 위 보 시　박 피 위 지　석 골 위 필　자

血爲墨　書寫經典　積如須彌.
혈 위 묵　서 사 경 전　적 여 수 미

爲重法故　不惜身命　何況王位　城邑
위 중 법 고　불 석 신 명　하 황 왕 위　성 읍

聚落　宮殿園林　一切所有,　及餘種種
취 락　궁 전 원 림　일 체 소 유　급 여 종 종

難行苦行　乃至　樹下成大菩提　示種
난 행 고 행　내 지　수 하 성 대 보 리　시 종

種神通　起種種變化,　現種種佛身　處
종 신 통　기 종 종 변 화　현 종 종 불 신　처

種種衆會　或處一切諸大菩薩　衆會
종 종 중 회　혹 처 일 체 제 대 보 살　중 회

道場,　或處聲聞　及　辟支佛　衆會道
도 량　혹 처 성 문　급　벽 지 불　중 회 도

는 것에 관해 말씀드리겠습니다.

②

'비로자나 부처님께서 사바세계에서 처음 발심하고 꾸준히 정진하면서, 불가설 불가설 목숨으로 자신의 피부를 벗겨 종이로 사용하고, 자신의 뼈를 쪼개어 붓으로 사용하고, 자신의 피를 뽑아 먹물로 사용하여 수미산만큼 많은 경전을 써서 보시하셨듯이 저도 그렇게 하겠습니다.

③

법을 존중하여, 왕위나 성읍이나 촌락이나 궁전이나 정원이나 산림 등의 소유물은 물론 목숨까지도 아끼지 않으면서, 가지가지 난행고행을 닦고 보리수 나무

場, 或處轉輪聖王 小王眷屬 衆會道
량　　혹 처 전 륜 성 왕　소 왕 권 속　중 회 도

場, 或處刹利 及 婆羅門 長者 居士
량　　혹 처 찰 리　급　바 라 문　장 자　거 사

衆會道場, 乃至 或處天龍八部 人非
중 회 도 량　내 지　혹 처 천 룡 팔 부　인 비

人等 衆會道場, 處於如是 種種衆
인 등　중 회 도 량　처 어 여 시　종 종 중

會, 以圓滿音 如大雷震 隨其樂欲
회　　이 원 만 음　여 대 뢰 진　수 기 락 욕

成熟衆生 乃至 示現入於涅槃 如是
성 숙 중 생　내 지　시 현 입 어 열 반　여 시

一切 我皆隨學.
일 체　아 개 수 학

④

如今世尊毘盧遮那, 如是 盡法界 虛
여 금 세 존 비 로 자 나　여 시　진 법 계　허

空界 十方三世 一切佛刹 所有塵中
공 계　시 방 삼 세　일 체 불 찰　소 유 진 중

一切如來 皆亦如是 於念念中 我皆
일 체 여 래　개 역 여 시　어 념 념 중　아 개

隨學.
수 학

밑에서 최고 바른 깨달음을 이루고, 가지가지 신통 변화를 일으키시며, 가지가지 모습으로 보살의 모임, 성문이나 연각의 모임, 전륜성왕이나 소왕이나 그 권속들의 모임, 찰제리나 바라문이나 장자나 거사의 모임, 하느님이나 용이나 인비인 등 팔부중생들의 모임에 나타나시어, 천둥같이 크고 원만한 음성으로 중생을 성숙시키고 열반에 드셨듯이 저도 그렇게 하겠습니다.

④

비로자나 부처님처럼, 진법계 허공계 시방 삼세 불찰극미진수 모든 부처님들처럼 항상 부처님의 법을 전하겠습니다.

⑤

如是 虛空界盡 衆生界盡 衆生業盡
여 시　허 공 계 진　중 생 계 진　중 생 업 진

衆生煩惱盡 我此隨學 無有窮盡.
중 생 번 뇌 진　아 차 수 학　무 유 궁 진

⑥

念念相續 無有間斷 身語意業 無有
염 념 상 속　무 유 간 단　신 어 의 업　무 유

疲厭.
피 염

第九 行願：恒順衆生
제 구 행 원　　항 순 중 생

①

復次 善男子 言 恒順衆生者.
부 차　선 남 자　언　항 순 중 생 자

②

謂盡法界 虛空界 十方刹海 所有衆
위 진 법 계　허 공 계　시 방 찰 해　소 유 중

⑤

허공계가 끝나고 중생계가 끝나고 중생
의 업이 끝나고 중생의 번뇌가 끝날 때
까지 계속 법을 전하겠습니다.

⑥

힘들어하거나 지겨워하지 않고 몸과 말
과 마음을 다 하여, 끊임없이 계속 법을
전하겠습니다'라고 행원하는 것입니다.

제9 행원 : 모든 중생 편안하게 함

①

선재 동자님! 모든 중생들을 항상 편안하
게 모시는 것에 관해 말씀드리겠습니다.

②

'진법계 허공계 시방 세계의 모든 중생

生 種種差別, 所謂卵生 胎生 濕生
생 종종차별 소위난생 태생 습생

化生, 或有依於地水火風 而生住者,
화생 혹유의어지수화풍 이생주자

或有依空 及諸卉木 而生住者,
혹유의공 급제훼목 이생주자

③

種種生類 種種色身 種種形狀 種種
종종생류 종종색신 종종형상 종종

相貌 種種壽量 種種族類 種種名號
상모 종종수량 종종족류 종종명호

種種心性 種種知見 種種欲樂 種種
종종심성 종종지견 종종욕락 종종

意行 種種威儀 種種衣服 種種飲食.
의행 종종위의 종종의복 종종음식

들, 알로 생긴 중생이나 태로 생긴 중생
이나 습기에서 생긴 중생이나 변화하여
생긴 중생이나, 땅에 사는 중생이나 물
에 사는 중생이나 불에 사는 중생이나
바람에 사는 중생이나 허공에 사는 중생
이나 초목에 사는 중생이나, 모든 중생
들을 항상 편안히 모시겠습니다.

③

태어난 곳이 다르고, 모양이 다르고, 형
상이 다르고, 얼굴이 다르고, 수명이 다
르고, 종족이 다르고, 이름이 다르고, 심
성이 다르고, 지식이나 견해가 다르고,
욕망이 다르고, 행동이나 거동이 다르
고, 의복이나 음식이 다른, 모든 중생들

④

處於種種 村營聚落 城邑宮殿, 乃至
처 어 종 종 촌 영 취 락 성 읍 궁 전 내 지

一切 天龍八部 人非人等, 無足 二
일 체 천 룡 팔 부 인 비 인 등 무 족 이

足 四足 多足, 有色 無色, 有想 無
족 사 족 다 족 유 색 무 색 유 상 무

想 非有想非無想, 如是等類 我 皆
상 비 유 상 비 무 상 여 시 등 류 아 개

於彼隨順.
어 피 수 순

⑤

而轉種種承事 種種供養 如敬父母
이 전 종 종 승 사 종 종 공 양 여 경 부 모

如奉師長 及阿羅漢 乃至如來等無
여 봉 사 장 급 아 라 한 내 지 여 래 등 무

有異.
유 이

을 항상 편안히 모시겠습니다.

④

산간에 사는 중생이나 시골에 사는 중생
이나 작은 도시에 사는 중생이나 큰 도
시에 사는 중생이나, 하느님이나 용이나
인비인 등 팔부 중생이나, 발이 없는 중
생이나 두 발 가진 중생이나 네 발 가진
중생이나 여러 발 가진 중생이나, 형상
있는 중생이나 형상 없는 중생이나, 생
각 있는 중생이나 생각 없는 중생이나 생
각이 있다 없다 할 수 없는 중생이나, 모
든 중생들을 항상 편안히 모시겠습니다.

⑤

부모님을 받들듯이, 스승님이나 아라한
이나 부처님을 섬기듯이 모든 중생들을

⑥

於諸病苦 爲作良醫, 於失道者 示其
어 제 병 고 위 작 양 의　　어 실 도 자 시 기

正路, 於暗夜中 爲作光明, 於貧窮
정 로　　어 암 야 중 위 작 광 명　　어 빈 궁

者 令得伏藏.
자 영 득 복 장

⑦

菩薩 如是 平等饒益 一切衆生.
보 살 여 시 평 등 요 익 일 체 중 생

⑧

何以故 菩薩 若能隨順衆生 則爲隨
하 이 고 보 살 약 능 수 순 중 생 즉 위 수

順供養諸佛.
순 공 양 제 불

⑨

若於衆生 尊重承事 則爲尊重承事
약 어 중 생 존 중 승 사 즉 위 존 중 승 사

如來.
여 내

받들고 섬기겠습니다.

⑥

병든 중생에게는 의사가 되어 치료해 드리고, 길 잃은 중생에게는 바른 길을 가리켜 드리고, 어두운 밤에는 빛이 되어 밝혀 드리고, 가난한 중생에게는 재산을 베풀겠습니다.

⑦

모든 중생을 이롭게 하는 보살이 되겠습니다.

⑧

중생들을 편안히 모시는 것이 부처님들을 편안히 모시는 것입니다.

⑨

중생들을 섬기는 것이 부처님들을 섬기는 것입니다.

⑩

若令衆生 生歡喜者 則令一切如來
약 령 중 생　생 환 희 자　즉 령 일 체 여 래

歡喜.
환 희

⑪

何以故 諸佛如來 以大悲心 而爲體
하 이 고　제 불 여 내　이 대 비 심　이 위 체

故.
고

⑫

因於衆生 而起大悲, 因於大悲 生菩
인 어 중 생　이 기 대 비　인 어 대 비　생 보

提心, 因菩提心 成等正覺.
리 심　인 보 리 심　성 등 정 각

⑬

比如曠野沙磧之中 有大樹王 若根
비 여 광 야 사 적 지 중　유 대 수 왕　약 근

得水 枝葉華果 悉皆繁茂.
득 수　지 엽 화 과　실 개 번 무

⑩

중생들을 기쁘게 하는 것이 부처님들을
기쁘게 하는 것입니다.

⑪

부처님의 근본은 큰 자비심입니다.

⑫

중생이 있어야 자비심을 낼 수 있고, 자
비심이 있어야 보살의 길을 가려는 마음
을 낼 수 있으며, 보살의 길을 가려는 마
음이 있어야 최고 바른 깨달음을 이룰
수 있습니다.

⑬

모래 벌판에 있는 큰 나무의 뿌리에 물
을 주면 줄기와 잎과 꽃과 열매가 모두
무성해집니다.

⑭

生死曠野 菩提樹王 亦復如是.
생 사 광 야 보 리 수 왕 역 부 여 시

⑮

一切衆生 而爲樹根 諸佛菩薩 而爲
일 체 중 생 이 위 수 근 제 불 보 살 이 위

華果.
화 과

⑯

以大悲水 饒益衆生 則能成就 諸佛
이 대 비 수 요 익 중 생 즉 능 성 취 제 불

菩薩 智慧華果.
보 살 지 혜 화 과

⑰

何以故 若諸菩薩 以大悲水 饒益衆
하 이 고 약 제 보 살 이 대 비 수 요 익 중

生 則能成就 阿耨多羅三藐三菩提
생 즉 능 성 취 아 누 다 라 삼 막 삼 보 리

故.
고

⑱

是故 菩提 屬於衆生.
시 고 보 리 속 어 중 생

⑭

「삶과 죽음의 윤회 벌판」에 있는 깨달음의 나무도 마찬가지입니다.

⑮

모든 중생들은 뿌리이며, 부처님이나 보살님들은 꽃이나 열매입니다.

⑯

대자대비의 물로 중생들을 이롭게 하는 것이 부처님이나 보살님의 지혜 꽃이나 지혜 열매를 성숙시키는 길입니다.

⑰

대자대비의 물로 중생들을 이롭게 하는 것이 최고 바른 깨달음을 이루는 길입니다.

⑱

중생이 있어야 최고 바른 깨달음을 이룰 수가 있습니다.

⑲

若無衆生 一切菩薩 終不能成 無上
약 무 중 생　일 체 보 살　종 불 능 성　무 상

正覺.
정　각

⑳

善男子 汝於此義 應如是解. 以於衆
선 남 자　여 어 차 의　응 여 시 해　이 어 중

生 心平等故 則能成就 圓滿大悲.
생　심 평 등 고　즉 능 성 취　원 만 대 비

㉑

以大悲心 隨衆生故 則能成就 供養
이 대 비 심　수 중 생 고　즉 능 성 취　공 양

如來菩薩.
여 래 보 살

㉒

如是 隨順衆生 虛空界盡 衆生界盡
여 시　수 순 중 생　허 공 계 진　중 생 계 진

중생이 없으면 어떤 보살도 최고 바른
깨달음을 이루지 못합니다'라고 행원하
는 것입니다.

⑳

선재 동자님! 그대들은 바로 알아야 합
니다. 모든 중생들에게 평등한 마음을
가지는 것이 대자대비를 완성하는 길입
니다.

㉑

대자대비의 마음으로 모든 중생들을 항
상 편안히 모시는 것이 부처님들이나 보
살님들을 항상 편안히 모시는 것입니다.

㉒

'허공계가 끝나고 중생계가 끝나고 중생
의 업이 끝나고 중생의 번뇌가 끝날 때

衆生業盡 衆生煩惱盡 我此隨順 無
중 생 업 진　중 생 번 뇌 진　아 차 수 순　무

有窮盡.
유 궁 진

㉓

念念相續 無有間斷 身語意業 無有
염 념 상 속　무 유 간 단　신 어 의 업　무 유

疲厭.
피 염

第 十 行願 : 普皆廻向
제 　십 　행 원 　　보 개 회 향

①

復次 善男子 言 普皆廻向者.
부 차　선 남 자　언　보 개 회 향 자

②

從初禮拜 乃至隨順 所有功德 皆悉
종 초 예 배　내 지 수 순　소 유 공 덕　개 실

廻向. 盡法界 虛空界 一切衆生 願
회 향　 진 법 계　허 공 계　일 체 중 생　원

까지 항상 편안히 모시겠습니다.

㉓

힘들어하거나 지겨워하지 않고 몸과 말과 마음을 다 하여, 끊임없이 항상 편안히 모시겠습니다'라고 행원하는 것입니다.

제10 행원 : 나의 공덕 모두 회향함

①

선재 동자님! 나의 공덕을 모두 중생들에게 회향하는 것에 관해 말씀드리겠습니다.

②

'첫째인 예배공경한 공덕에서 아홉째인 편안히 모신 공덕까지의 모든 공덕을, 모든 중생들이 항상 안락하도록, 영원히

令衆生 常得安樂 無諸病苦, 欲行惡
령 중생 상 득 안 락 무 제 병 고 욕 행 악

法 皆悉不成, 所修善業 皆速成就,
법 개 실 불 성 소 수 선 업 개 속 성 취

關閉 一切 諸惡趣門 開示 人天 涅
관 폐 일 체 제 악 취 문 개 시 인 천 열

槃正路, 若諸衆生 因其積集 諸惡業
반 정 로 약 제 중 생 인 기 적 집 제 악 업

故 所感一切 極重苦果 我皆代受,
고 소 감 일 체 극 중 고 과 아 개 대 수

令彼衆生 悉得解脫 究竟成就 無上
영 피 중 생 실 득 해 탈 구 경 성 취 무 상

菩提 菩薩 如是 所修廻向.
보 리 보 살 여 시 소 수 회 향

③

虛空界盡 衆生界盡 衆生業盡 衆生
허 공 계 진 중 생 계 진 중 생 업 진 중 생

煩惱盡 我此廻向 無有窮盡.
번 뇌 진 아 차 회 향 무 유 궁 진

어떤 병고도 없도록, 나쁜 일은 하나도 일어나지 않고 좋은 일은 모두 일어나도록, 지옥·아귀·축생계로 가는 문은 모두 닫히고 인간 세상이나 하늘 세상에서 열반으로 이르는 길은 모두 열리도록, 중생들이 스스로 지은 악업 때문에 겪게 되는 모든 고통을 제가 대신 받고 모든 중생들이 해탈하여 최고 바른 깨달음을 이루도록 진법계 허공계 모든 중생들에게 회향하는 보살이 되겠습니다.

③

허공계가 끝나고 중생계가 끝나고 중생의 업이 끝나고 중생의 번뇌가 끝날 때까지 계속 회향하겠습니다.

④

念念相續 無有間斷 身語意業 無有
염 념 상 속　무 유 간 단　신 어 의 업　무 유

疲厭.
피 염

三. 長行 結：普賢行願功德
삼　장 항 결　보 현 행 원 공 덕

①

善男子 是爲 菩薩摩訶薩 十種大願
선 남 자　시 위　보 살 마 하 살　십 종 대 원

具足圓滿.
구 족 원 만

②

若諸菩薩 於此大願 隨順趣入，則能
약 제 보 살　어 차 대 원　수 순 취 입　즉 능

成熟 一切衆生，則能隨順 阿耨多羅
성 숙　일 체 중 생　즉 능 수 순　아 누 다 라

三藐三菩提，則能成滿 普賢菩薩 諸
삼 막 삼 보 리　즉 능 성 만　보 현 보 살　제

④

힘들어하거나 지겨워하지 않고 몸과 말
과 마음을 다 하여, 끊임없이 계속 회향
하겠습니다'라고 행원하는 것입니다.

3장 장항 결: 보현행원의 공덕

①

선재 동자님! 이제 보살 마하살의 열 가
지 큰 행원을 모두 말씀드렸습니다.

②

이 큰 행원들을 모두 닦으면, 모든 중생
들을 성숙하게 하며, 최고 바른 깨달음
을 이루게 하며, 보현 보살의 한량없는
행원을 모두 이루게 됩니다.

行願海.
행 원 해

③

是故 善男子 汝 於此義 應如是知.
시고 선남자 여 어차의 응여시지

④

若有 善男子 善女人 以滿十方 無量
약유 선남자 선녀인 이만시방 무량

無邊 不可說不可說 佛刹極微塵數
무변 불가설불가설 불찰극미진수

一切世界 上妙七寶 及諸人天 最勝
일체세계 상묘칠보 급제인천 최승

安樂 布施 爾所一切世界 所有眾生,
안락 보시 이소일체세계 소유중생

供養 爾所一切世界 諸佛菩薩 經 爾
공양 이소일체세계 제불보살 경 이

所佛刹極微塵數 劫 相續不斷 所得
소불찰극미진수 겁 상속부단 소득

功德 若復有人 聞此願王 一經於耳
공덕 약부유인 문차원왕 일경어이

所有功德 比前功德 百分 不及一 千
소유공덕 비전공덕 백분 불급일 천

③
선재 동자님! 바로 알아야 합니다.
④
「시방삼세 불가설불가설 불찰극미진수 세계를 가득 채울 수 있을 만큼 많은, 귀중한 금은보화와, 인간 세상이나 하늘 세상에서의 최고의 평안함을 불찰극미진수겁 동안 계속, 모든 세계의 모든 중생들에게 보시하고 모든 부처님들과 보살님들께 공양하는 선남자 선여인」이 짓는 공덕은 「이 행원을 잠시 동안 귀로 들은 사람」이 짓는 공덕에 비하면 백분의 일에도 미치지 못하며, 천분의 일에도 미치지 못하며, 만억 조경분의 일에도 미치지 못합니다.

分 不及一 乃至 優派尼沙陀分 亦不
분 불 급 일 내 지 우 파 니 사 타 분 역 불

及一.
급 일

⑤

或復有人 以深信心 於此大願 受持
혹 부 유 인 이 심 신 심 어 차 대 원 수 지

讀誦 乃至書寫 一四句偈, 速能除滅
독 송 내 지 서 사 일 사 귀 게 속 능 제 멸

五無間業.
오 무 간 업

⑥

所有世間身心等病 種種苦惱 乃至
소 유 세 간 신 심 등 병 종 종 고 뇌 내 지

佛刹極微塵數 一切惡業 皆得銷除.
불 찰 극 미 진 수 일 체 악 업 개 득 소 제

⑦

一切 魔軍 夜叉 羅刹 若鳩槃荼 若
일 체 마 군 야 차 나 찰 약 구 반 다 약

毘舍闍 若部多等 飮血噉肉 諸惡鬼
비 사 사 약 부 다 등 음 혈 담 육 제 악 귀

神 皆悉遠離 或時發心 親近守護.
신 개 실 원 리 혹 시 발 심 친 근 수 호

⑤

깊은 신심으로 이 큰 행원의 사구게 하나 만이라도 받아 지녀 독송하고 남에게 전해 주면, 무간지옥에 떨어질 다섯 가지 악업이 모두 소멸할 것입니다.

⑥

몸이나 마음의 병고가 모두 없어지며, 불찰극미진수 악업이 모두 소멸할 것입니다.

⑦

악마나 야차나 나찰이나 구반다나 비사사나 부다 등 피를 빨고 살을 먹는 악한 귀신들이 모두 멀리 달아나거나 오히려 지켜주고 보호하려는 마음을 낼 것입니다.

⑧

是故 若人誦此願者 行於世間 無有
시고 약인송차원자 행어세간 무유

障碍 如空中月 出於雲翳.
장애 여공중월 출어운예

⑨

諸佛菩薩之所稱讚 一切人天 皆應
제불보살지소칭찬 일체인천 개응

禮敬, 一切衆生 悉應供養.
예경 일체중생 실응공양

⑩

此善男子 善得人身 圓滿普賢 所有
차선남자 선득인신 원만보현 소유

功德. 不久 當如普賢菩薩 速得成就
공덕 불구 당여보현보살 속득성취

微妙色身 具三十二大丈夫相.
미묘색신 구삼십이대장부상

⑪

若生人天 所在之處 常居勝族.
약생인천 소재지처 상거승족

⑧

구름 밖으로 나온 달이 온 세상을 비추듯, 이 행원을 외우는 사람은 아무 장애 없이 세상을 살게 될 것입니다.

⑨

부처님이나 보살님들께서 칭찬하시며, 세상 사람이나 하느님이나 모든 중생들이 예배공경할 것입니다.

⑩

이 사람은 사람 몸을 받아서 보현 보살의 모든 공덕을 다 이루고, 곧 보현 보살처럼 대장부의 서른두 가지 거룩한 모습을 갖추게 될 것입니다.

⑪

인간 세상이나 하늘 세상에 태어나며, 날 때마다 좋은 신분으로 태어날 것입니다.

⑫

悉能破壞 一切惡趣, 悉能遠離 一切
실 능 파 괴 일 체 악 취 실 능 원 리 일 체

惡友,
악 우

⑬

悉能制伏一切外道, 悉能解脫 一切
실 능 제 복 일 체 외 도 실 능 해 탈 일 체

煩惱, 如師者王 摧伏群獸,
번 뇌 여 사 자 왕 최 복 군 수

⑭

堪受一切 眾生供養.
감 수 일 체 중 생 공 양

⑮

又復 是人 任命終時 最後刹那, 一
우 부 시 인 임 명 종 시 최 후 찰 나 일

切諸根 悉皆散壞, 一切親屬 悉皆捨
체 제 근 실 개 산 괴 일 체 친 속 실 개 사

離, 一切威勢 悉皆退失, 輔相大臣
리 일 체 위 세 실 개 퇴 실 보 상 대 신

宮城內外 象馬車乘 珍寶伏藏 如是
궁 성 내 외 상 마 거 승 진 보 복 장 여 시

⑫

나쁜 곳을 만나지 않고, 나쁜 사람을 만나지 않을 것입니다.

⑬

모든 짐승들을 굴복시킨 사자왕처럼 모든 외도들을 항복시키고 모든 번뇌에서 완전히 해탈할 것입니다.

⑭

모든 중생들이 받들어 모실 것입니다.

⑮

임종하면 모든 감각기관들이 다 무너지고, 모든 친족들이 다 떠나며, 모든 위엄이나 권세가 다 사라지며, 부귀 영화나 권력이나 집이나 논이나 밭이나 산 등의 재물들은 다 떠나지만, 이 큰 행원들은 떠나지 않고 항상 앞 길을 인도할 것입

一切 無復相隨, 唯此願王 不相捨離
일 체 무 부 상 수 유 차 원 왕 불 상 사 리

於一切時 引導其前.
어 일 체 시 인 도 기 전

⑯

一刹那中 即得往生 極樂世界.
일 찰 나 중 즉 득 왕 생 극 락 세 계

⑰

到已 即見阿彌陀佛 文殊師利菩薩
도 이 즉 견 아 미 타 불 문 수 사 리 보 살

普賢菩薩 觀自在菩薩 彌勒菩薩等
보 현 보 살 관 자 재 보 살 미 륵 보 살 등

此諸菩薩 色相端嚴 功德具足 所共
차 제 보 살 색 상 단 엄 공 덕 구 족 소 공

圍遶.
위 요

⑱

其人自見 生蓮華中 蒙佛授記, 得授
기 인 자 견 생 연 화 중 몽 불 수 기 득 수

記已 經 於無數百千萬億那由他 劫
기 이 경 어 무 수 백 천 만 억 나 유 타 겁

普於十方 不可說不可說 世界 以智
보 어 시 방 불 가 설 불 가 설 세 계 이 지

니다.

⑯

이 사람은 임종하는 즉시 극락세계에 왕
생할 것입니다.

⑰

왕생하는 즉시 모습이 단정하고 엄숙하
며 공덕을 구족하고 계시는 문수 보살님
과 보현 보살님과 관자재 보살님과 미륵
보살님들께 둘러싸여 계시는 아미타 부
처님을 친견할 것입니다.

⑱

이 사람은 연꽃 세상에 태어나 부처님의
수기를 받고, 수기를 받은 후에는 백천
만억 조경 겁 동안 시방 세계에서 지혜
로써 불찰극미진수 모든 중생들을 이롭

慧力 隨衆生心 而爲利益.
혜 력 수 중 생 심 이 위 리 익

⑲

不久 當座菩提道場 降伏魔軍 成等
불 구 당 좌 보 리 도 량 항 복 마 군 성 등

正覺 轉妙法輪.
정 각 전 묘 법 륜

⑳

能令 佛刹極微塵數 世界衆生 發菩
능 령 불 찰 극 미 진 수 세 계 중 생 발 보

提心, 隨其根性 敎化成熟 乃至 盡
리 심 수 기 근 성 교 화 성 숙 내 지 진

於未來劫海 廣能利益 一切衆生.
어 미 래 겁 해 광 능 리 익 일 체 중 생

㉑

善男子 彼諸衆生 若聞若信 此大願
선 남 자 피 제 중 생 약 문 약 신 차 대 원

王 受持讀誦 廣爲人說 所有功德 除
왕 수 지 독 송 광 위 인 설 소 유 공 덕 제

佛世尊 餘無知者.
불 세 존 여 무 지 자

게 할 것입니다.

⑲

깨달음의 도량에서 악마들을 항복시키고 최고 바른 깨달음을 이루고 미묘 법문을 설할 것입니다.

⑳

미래 겁이 다 하도록, 불찰극미진수 중생들에게 「최고 바른 깨달음을 이루려는 마음」이 일어나도록 하며, 근기나 성품에 따라 중생들을 교화하고 성숙시키며, 모든 중생들을 이롭게 할 것입니다.

㉑

선재 동자님! 이 큰 행원을 받아 지녀 독송하며 남에게 널리 전해 주는 사람의 공덕을 부처님께서는 아십니다.

㉒

是故 汝等 聞此願王 莫生疑念
시 고 여 등 문 차 원 왕 막 생 의 념

㉓

應當諦受. 受已能讀, 讀已能誦, 誦
응 당 제 수 수 이 능 독 독 이 능 송 송

已能持, 乃至書寫 廣爲人說.
이 능 지 내 지 서 사 광 위 인 설

㉔

是諸人等 於一念中 所有行願 皆得
시 제 인 등 어 일 념 중 소 유 행 원 개 득

成就 所獲福聚 無量無邊.
성 취 소 획 복 취 무 량 무 변

㉕

能於煩惱大苦海中 拔濟衆生, 令其
능 어 번 뇌 대 고 해 중 발 제 중 생 영 기

出離 皆得往生 阿彌陀佛 極樂世界.
출 리 개 득 왕 생 아 미 타 불 극 락 세 계

㉒
이 큰 행원들을 들었으니, 의심하지 말
고 잘 받아들여야 합니다.
㉓
받아들이되 읽고, 읽되 소리내어 읽고,
소리내어 읽되 항상 가까이 하며, 이 경
전을 남에게 널리 전해 주어야 합니다.
㉔
이 행원을 잠시라도 실천하는 사람은 모
두 한량없이 많고 가없이 많은 복을 이
룰 것입니다.
㉕
번뇌의 큰 바다에 빠져있는 중생들을 제
도하여, 아미타 부처님의 극락 세계에
왕생하도록 할 것입니다.

四. 偈頌
사 게 송

偈頌 序
게 송 서

爾時 普賢菩薩摩訶薩 欲重宣此義
이 시 보 현 보 살 마 하 살 욕 중 선 차 의

普觀十方 而說偈言.
보 관 시 방 이 설 게 언

1. 禮敬諸佛頌
예 경 제 불 송

所有十方世界中 三世一切人師子
소 유 시 방 세 계 중 삼 세 일 체 인 사 자

我以淸淨身語義 一切徧禮盡無餘
아 이 청 정 신 어 의 일 체 변 례 진 무 여

普賢行願威神力 普現一切如來前
보 현 행 원 위 신 력 보 현 일 체 여 래 전

一身復現刹塵身 一一徧禮刹塵佛
일 신 부 현 찰 진 신 일 일 변 례 찰 진 불

4장 게송

게송 서

보현보살 시방세계 두루둘러 보시고서
큰소리로 다음같이 게송부르 셨습니다.

1. 부처님을 예배 공경함

시방세계 곳곳마다 두루계시는
과거현재 미래세의 부처님들께
지극정성 몸과말과 마음을다해
빠짐없이 예배하고 공경합니다.

보현행원 깊이믿고 닦은힘으로
일체모든 부처님앞 몸나타내고

2. 稱讚如來頌
칭 찬 여 래 송

於一塵中塵數佛 各處菩薩衆會中
어 일 진 중 진 수 불 각 처 보 살 중 회 중

無盡法界塵亦然 深信諸佛皆充滿
무 진 법 계 진 역 연 심 신 제 불 개 충 만

各以一切音聲海 普出無盡妙言辭
각 이 일 체 음 성 해 보 출 무 진 묘 언 사

盡於未來一切劫 讚佛甚深功德海
진 어 미 래 일 체 겁 찬 불 심 심 공 덕 해

낱낱몸은 찰진수몸 또나타내어
부처님께 예배하고 공경합니다.

2. 공덕장엄 찬양찬탄함

무진법계 찰미진수 티끌속마다
많고많은 보살들께 싸여계시는
극미진수 부처님들 공덕장엄을
깊이믿고 찬양하고 찬탄합니다.

음악여신 미묘하신 온갖말로써
말들마다 온갖음성 모두내어서
부처님의 깊디깊은 공덕장엄을
일체겁이 다하도록 찬양합니다.

3. 廣修供養頌
광 수 공 양 송

以諸最勝妙華鬘　伎樂塗香及傘蓋
이 제 최 승 묘 화 만　기 악 도 향 급 산 개

如是最勝莊嚴具　我以供養諸如來
여 시 최 승 장 엄 구　아 이 공 양 제 여 래

最勝衣服最勝香　末香燒香與燈燭
최 승 의 복 최 승 향　말 향 소 향 여 등 촉

一一皆如妙高聚　我悉供養諸如來
일 일 개 여 묘 고 취　아 실 공 양 제 여 래

我以廣大勝解心　深信一切三世佛
아 이 광 대 승 해 심　심 신 일 체 삼 세 불

悉以普賢行願力　普徧供養諸如來
실 이 보 현 행 원 력　보 변 공 양 제 여 래

94

3. 부처님께 일심 공양함

아름답기 그지없는 꽃다발들과
좋은음악 좋은향과 좋은양산들
매우좋고 매우귀한 장엄구로써
한분한분 부처님께 공양합니다.

좋은의복 바르는향 뿌리는향과
태우는향 우유기름 향유등불을
하나하나 수미산의 높이로모아
한분한분 부처님께 공양합니다.

보현보살 높은행원 닦은힘으로
과거현재 미래세의 부처님들을

4. 懺悔業障頌
참 회 업 장 송

我昔所造諸惡業 皆有無始貪恚癡
아 석 소 조 제 악 업 　 개 유 무 시 탐 에 치

從身語意之所生 一切我今皆懺悔
종 신 어 의 지 소 생 　 일 체 아 금 개 참 회

5. 隨喜功德頌
수 희 공 덕 송

十方一切諸眾生 二乘有學及無學
시 방 일 체 제 중 생 　 이 승 유 학 급 무 학

一切如來與菩薩 所有功德皆隨喜
일 체 여 래 여 보 살 　 소 유 공 덕 개 수 희

깊이믿고 이해하는 마음가지며
빠짐없이 두루두루 공양합니다.

4. 업장들을 모두 참회함

한량없이 긴긴세월 내려오면서
탐욕분노 어리석음 삼독때문에
몸과말과 마음으로 지었던죄업
제가지금 빠짐없이 참회합니다.

5. 남의 공덕 모두 따라함

시방삼세 모든중생 공덕행동과
성문연각 유학무학 공덕행동과
보살님과 부처님의 공덕행동을

6. 請轉法輪頌
청 전 법 륜 송

十方所有世間燈 最初成就菩提者
시 방 소 유 세 간 등 최 초 성 취 보 리 자

我今一切皆勸請 轉於無上妙法輪
아 금 일 체 개 권 청 전 어 무 상 묘 법 륜

7. 請佛住世頌
청 불 주 세 송

諸佛若欲示涅槃 我悉至誠而勸請
제 불 약 욕 시 열 반 아 실 지 성 이 권 청

唯願久住刹塵劫 利樂一切諸衆生
유 원 구 주 찰 진 겁 이 락 일 체 제 중 생

모두기쁜 마음으로 따라합니다.

6. 설법하길 간절히 청함

시방세계 비추시는 크고큰등불
가장먼저 깨달음을 이루신님께
높디높은 미묘법문 설하시기를
모든정성 다하여서 간청합니다.

7. 이 세상에 계시길 청함

예배공경 찬양찬탄 공양한복덕
오래계심 법문하심 청했던공덕
따라하고 참회하며 지은선근을
중생들과 깨달음에 모두주고서

所有禮讚供養佛 請佛住世轉法輪
소 유 레 찬 공 양 불 청 불 주 세 전 법 륜

隨喜懺悔諸善根 廻向眾生及佛道
수 희 참 회 제 선 근 회 향 중 생 급 불 도

8. 常隨佛學頌
상 수 불 학 송

我隨一切如來學 修習普賢圓滿行
아 수 일 체 여 래 학 수 습 보 현 원 만 행

供養過去諸如來 及與現在十方佛
공 양 과 거 제 여 래 급 여 현 재 시 방 불

未來一切天人師 一切意樂皆圓滿
미 래 일 체 천 인 사 일 체 의 요 개 원 만

我願普隨三世學 速得成就大菩提
아 원 보 수 삼 세 학 속 득 성 취 대 보 리

이세상을 뜨시려는 부처님등께
영원토록 이세상에 함께계시며
중생에게 이로움과 즐거움주길
모든정성 다하여서 간청합니다.

8. 온 세상에 항상 전법함

보현보살 원만행원 닦고익히며
시방삼세 부처님께 공양하면서
높디높은 부처님법 빠뜨리잖고
영원토록 시방삼세 전하렵니다.

시방세계 많고많은 모든중생이
최고바른 깨달음을 모두이루게

9. 恒順衆生頌
항 순 중 생 송

所有十方一切刹 廣大清淨妙莊嚴
소 유 시 방 일 체 찰　광 대 청 정 묘 장 엄

衆會圍遶諸如來 悉在菩提樹王下
중 회 위 요 제 여 래　실 재 보 리 수 왕 하

十方所有諸衆生 遠離憂患常安樂
시 방 소 유 제 중 생　원 리 우 환 상 안 락

獲得甚深正法利 滅除煩惱盡無餘
획 득 심 심 정 법 리　멸 제 번 뇌 진 무 여

최고바른 깨달음을 모두이루신
시방삼세 부처님법 전하렵니다.

9. 모든 중생 편안하게 함

시방삼세 찰미진수 모든세계를
청정하고 아름답게 장엄하시고
큰보리수 나무아래 앉아계시며
보살들에 둘러싸인 부처님처럼

시방삼세 많고많은 모든중생이
깊디깊은 바른법문 배우고익혀
근심걱정 번뇌벗고 안락하도록
영원토록 편안하게 모시렵니다.

10. 普皆廻向頌
보 개 회 향 송

① 受持願
수 지 원

我爲菩提修行時 一切趣中成宿命
아 위 보 리 수 행 시 일 체 취 중 성 숙 명

常得出家修淨戒 無垢無破無穿漏
상 득 출 가 수 정 계 무 구 무 파 무 천 루

天龍夜叉鳩槃茶 乃至人與非人等
천 룡 야 차 구 반 다 내 지 인 여 비 인 등

所有一切衆生語 悉以諸音而說法
소 유 일 체 중 생 어 실 이 제 음 이 설 법

10. 나의 공덕 모두 회향함

① 수행공덕 회향합니다.

큰깨달음 향한저의 수행공덕을

중생들이 출가하여 계행을닦고

더럽잖고 깨지잖고 새지않으며

숙명통을 이루도록 회향합니다.

천룡들과 야차들과 구반다들과

인비인등 모든중생 음성으로써

낱낱음성 부처님의 미묘법문을

하나하나 빠짐없이 연설합니다.

② 修行二利願
수 행 이 리 원

勤修淸淨波羅蜜　恒不忘失菩提心
근 수 청 정 바 라 밀　항 불 망 실 보 리 심

滅除障垢無有餘　一切妙行皆成就
멸 제 장 구 무 유 여　일 체 묘 행 개 성 취

於諸惑業及魔境　世間道中得解脫
어 제 혹 업 급 마 경　세 간 도 중 득 해 탈

猶如蓮華不着水　亦如日月不住空
유 여 연 화 불 착 수　역 여 일 월 부 주 공

③ 成熟衆生願
성 숙 중 생 원

悉除一切惡道苦　等與一切群生樂
실 제 일 체 악 도 고　등 여 일 체 군 생 락

② 육바라밀 닦겠습니다.
잠시라도 보리마음 잊지않으며
온갖정성 육바라밀 닦고닦아서
모든업장 모든허물 멸해버리고
일체모든 미묘행원 성취합니다.

연꽃잎이 물방울에 물들지않듯
해와달이 구름위에 찬란하듯이
미혹한업 악마경계 세상사에도
최고바른 깨달음을 이루렵니다.

③ 함께 성숙 하겠습니다.
시방삼세 일체모든 중생들에게

如是經於刹塵劫 十方利益恒無盡
여 시 경 어 찰 진 겁 　 시 방 이 익 항 무 진

我常隨順諸衆生 盡於未來一切劫
아 상 수 순 제 중 생 　 진 어 미 래 일 체 겁

恒修普賢廣大行 圓滿無上大菩提
항 수 보 현 광 대 행 　 원 만 무 상 대 보 리

④ 不離願
불 리 원

所有與我同行者 於一切處同集會
소 유 여 아 동 행 자 　 어 일 체 처 동 집 회

身口意業皆同等 一切行願同修學
신 구 의 업 개 동 등 　 일 체 행 원 동 수 학

지옥아귀 축생고통 없애어주고
모든기쁨 모든행복 만들어주며
영원토록 이로움을 주겠습니다.

보현보살 큰행원을 닦고닦으며
최고바른 깨달음을 모두이루게
미래세상 일체겁이 다할때까지
영원토록 편안하게 모시렵니다.

④ 함께 행원 닦겠습니다.
보현행원 닦으려는 모든이들과
같은장소 같은곳에 함께모여서
지극정성 몸과말과 마음을다해
모든행원 빠짐없이 닦겠습니다.

所有益我善知識 爲我顯示普賢行
소 유 익 아 선 지 식　위 아 현 시 보 현 행

常願與我同集會 於我常生歡喜心
상 원 여 아 동 집 회　어 아 상 생 환 희 심

⑤ 供養願
공 양 원

願常面見諸如來 及諸佛子衆圍遶
원 상 면 견 제 여 래　급 제 불 자 중 위 요

於彼皆興廣大供 盡未來劫無疲厭
어 피 개 흥 광 대 공　진 미 래 겁 무 피 염

願持諸佛微妙法 光顯一切菩提行
원 지 제 불 미 묘 법　광 현 일 체 보 리 행

나를위해 보현행원 일러주시고
어느때나 나와같이 함께계시며
이로움을 항상주는 선지식들께
어느때나 환희심을 드리렵니다.

⑤ 일심공양 하겠습니다.
찰미진수 미래겁이 다할때까지
힘들어~ 하지않고 지겨워않고
불자들에 둘러싸인 부처님들을
항상뵙고 광대공양 올리렵니다.

부처님의 미묘법문 받아지니고
일체모든 보리행을 등불삼아서

究竟清淨普賢道 盡未來劫常修習
구 경 청 정 보 현 도　진 미 래 겁 상 수 습

⑥ 利益願
이 익 원

我於一切諸有中 所修福智恒無盡
아 어 일 체 제 유 중　소 수 복 지 항 무 진

定慧方便及解脫 獲諸無盡功德藏
정 혜 방 편 급 해 탈　획 제 무 진 공 덕 장

一塵中有塵數刹 一一刹有難思佛
일 진 중 유 진 수 찰　일 일 찰 유 난 사 불

一一佛處眾會中 我見恒演菩提行
일 일 불 처 중 회 중　아 견 항 연 보 리 행

찰미진수 미래겁이 다할때까지
지극정성 보현행원 닦겠습니다.

⑥ 이타행동 하겠습니다.
시방삼세 넓은세상 살아가면서
무량복덕 무량지혜 항상지으며
선정지혜 방편얻고 해탈하여서
한량없이 많은공덕 이루렵니다.

티끌마다 찰미진수 세계가있고
세계마다 보살들께 싸여계시는
상상할수 없이많은 부처님전에
보살의길 행동연습 하겠습니다.

⑦ 轉法輪願
전 법 륜 원

普盡十方諸刹海　一一毛端三世海
보 진 시 방 제 찰 해　일 일 모 단 삼 세 해

佛海及與國土海　我徧修行經劫海
불 해 급 여 국 토 해　아 변 수 행 경 겁 해

一切如來語淸淨　一言具衆音聲海
일 체 여 래 어 청 정　일 언 구 중 음 성 해

隨諸衆生意樂音　一一流佛辯才海
수 제 중 생 의 락 음　일 일 유 불 변 재 해

三世一切諸如來　於彼無盡語言海
삼 세 일 체 제 여 래　어 피 무 진 어 언 해

⑦ 미묘 법문 하겠습니다.
모든중생 즐겨하는 소리를내고
소리마다 많고많은 음성을내고
음성마다 청정하신 부처님말씀
모든말씀 미묘법문 뿐이옵니다.

부처님은 청정하신 말씀하시고
말씀마다 많고많은 음성을내며
음성마다 모든중생 이롭게하니
모든말씀 미묘법문 뿐이옵니다.

과거현재 미래세의 부처님께서
한량없이 많고많은 말씀으로써

恒轉理趣妙法輪 我深智力普能入
항 전 이 취 묘 법 륜　아 심 지 력 보 능 입

⑧ 淨土願
정 토 원

我能深入於未來 盡一切劫爲一念
아 능 심 입 어 미 래　진 일 체 겁 위 일 념

三世所有一切劫 爲一念際我皆入
삼 세 소 유 일 체 겁　위 일 념 제 아 개 입

我於一念見三世 所有一切人師子
아 어 일 념 견 삼 세　소 유 일 체 인 사 자

亦常入佛境界中 如幻解脫及威力
역 상 입 불 경 계 중　여 환 해 탈 급 위 력

깊은이치 묘한법문 연설하시니
깊디깊은 지혜능력 이루렵니다.

⑧ 불경계에 들어갑니다.
미래세상 모든겁을 빠뜨리잖고
일념중에 두루두루 들어갑니다.
현재세상 과거세상 모든겁들도
일념중에 두루두루 들어갑니다.

과거현재 미래세의 부처님들을
일념중에 두루두루 찾아뵈옵고
해탈위력 항상있는 꿈같은세계
불경계에 머물도록 서원합니다.

⑨ 承事願
승 사 원

於一毛端極微中　出現三世莊嚴刹
어 일 모 단 극 미 중　출 현 삼 세 장 엄 찰

十方塵刹諸毛端　我皆深入而嚴淨
시 방 진 찰 제 모 단　아 개 심 입 이 엄 정

所有未來照世燈　成道轉法悟群有
소 유 미 래 조 세 등　성 도 전 법 오 군 유

究竟佛事示涅槃　我皆往詣而親近
구 경 불 사 시 열 반　아 개 왕 예 이 친 근

⑩ 成正覺願
성 정 각 원

速疾周徧神通力　普門徧入大乘力
속 질 주 변 신 통 력　보 문 변 입 대 승 력

⑨ 부처님을 공경합니다.
불찰극미 작고작은 티끌속마다
시방세계 불찰극미 티끌속마다
나타나는 과거현재 미래세상을
아름답고 깨끗하게 장엄합니다.

성도하고 설법하고 교화하시고
하실일을 마치시고 열반드시는
과거현재 미래세상 비추고계신
무량무수 부처님을 친견합니다.

⑩ 깨달음을 이루렵니다.
일념중에 두루하는 신통의힘과

智行普修功德力 威神普覆大慈力
지 행 보 수 공 덕 력　위 신 보 부 대 자 력

徧淨莊嚴勝福力 無着無依智慧力
변 정 장 엄 승 복 력　무 착 무 의 지 혜 력

定慧方便諸威力 普能積集菩提力
정 혜 방 편 제 위 력　보 능 적 집 보 리 력

清淨一切善業力 摧滅一切煩惱力
청 정 일 체 선 업 력　최 멸 일 체 번 뇌 력

降伏一切諸魔力 圓滿普賢諸行力
항 복 일 체 제 마 력　원 만 보 현 제 행 력

일체문에 두루하는 대승의힘과
지와행을 널리닦은 공덕의힘과
위신으로 널리덮는 자비의힘과

청정장엄 두루하는 복덕의힘과
집착않고 의지않는 지혜의힘과
선정지혜 모든방편 위신의힘과
착한행동 쌓아모은 깨달음의힘

일체모든 선한업을 지었던힘과
일체모든 번뇌들을 멸했던힘과
일체모든 악마들을 항복받은힘
보현행원 원만하게 이루렵니다.

⑪ 總結大願
총 결 대 원

普能嚴淨諸刹海　解脫一切衆生海
보 능 엄 정 제 찰 해　해 탈 일 체 중 생 해

善能分別諸法海　能甚深入智慧海
선 능 분 별 제 법 해　능 심 심 입 지 혜 해

普能淸淨諸行海　圓滿一切諸願海
보 능 청 정 제 행 해　원 만 일 체 제 원 해

親近供養諸佛海　修行無倦經劫海
친 근 공 양 제 불 해　수 행 무 권 경 겁 해

三世一切諸如來　最勝菩提諸行願
삼 세 일 체 제 여 래　최 승 보 리 제 행 원

⑪ 모든 행원 이루렵니다.

무량세계 아름답고 깨끗이하며
일체모든 중생들을 해탈시키며
무량법문 빠짐없이 배우고익혀
깊디깊은 무량지혜 이루렵니다.

지극정성 몸과말과 마음을다해
일체모든 행원들을 모두이루며
한량없는 부처님을 공양하면서
권태없이 무량겁을 수행합니다.

최고바른 깨달음의 행원이루신
과거현재 미래세의 부처님들께

我皆供養圓滿修 以普賢行悟菩提
아 개 공 양 원 만 수　이 보 현 행 오 보 리

⑫ 結歸普賢願
결 귀 보 현 원

一切如來有長子 彼名號曰普賢尊
일 체 여 래 유 장 자　피 명 호 왈 보 현 존

我今廻向諸善根 願諸智行悉同彼
아 금 회 향 제 선 근　원 제 지 행 실 동 피

願身口意恒清淨 諸行刹土亦復然
원 신 구 의 항 청 정　제 행 찰 토 역 부 연

如是智慧號普賢 願我如彼皆同等
여 시 지 혜 호 보 현　원 아 여 피 개 동 등

보현행원 빠짐없이 행해올리며
높디높은 보살의길 이루렵니다.

⑫ 보현보살 따르렵니다.
부처님의 가르침을 가장잘따른
그이름도 거룩하신 보현보살님
보현보살 지혜행원 모두이루고
제가지은 온갖선근 회향합니다.

시방삼세 많고많은 불국토에서
지극정성 몸과말과 마음을다해
모든지혜 이룩하신 보현보살님
보살께서 가신길을 따르렵니다.

⑬ 結歸文殊願
결 귀 문 수 원

我爲徧淨普賢行　文殊師利諸大願
아 위 변 정 보 현 행　문 수 사 리 제 대 원

滿彼事業盡無餘　未來諸劫恒無倦
만 피 사 업 진 무 여　미 래 제 겁 항 무 권

我所修行無有量　獲得無量諸功德
아 소 수 행 무 유 량　획 득 무 량 제 공 덕

安住無量諸行中　了達一切神通力
안 주 무 량 제 행 중　요 달 일 체 신 통 력

⑭ 結歸廻向願
결 귀 회 향 원

文殊師利勇猛智　普賢慧行亦復然
문 수 사 리 용 맹 지　보 현 혜 행 역 부 연

⑬ 문수보살 따르렵니다.
미래세가 다하도록 힘들어않고
미래세가 다하도록 지겨워않고
보현보살 광대행원 모두이루고
문수대원 빠짐없이 이루렵니다.

한량없는 수행들을 닦고닦아서
한량없는 공덕들을 모두이루고
한량없는 선행들을 모두하여서
모든신통 빠짐없이 이루렵니다.

⑭ 모든 선근 회향합니다.
문수보살 용맹지를 모두이루고

我今廻向諸善根 隨彼一切常修學
아 금 회 향 제 선 근 수 피 일 체 상 수 학

三世諸佛所稱歎 如是最勝諸大願
삼 세 제 불 소 칭 탄 여 시 최 승 제 대 원

我今廻向諸善根 爲得普賢殊勝行
아 금 회 향 제 선 근 위 득 보 현 수 승 행

⑮ 願生淨土願
원 생 정 토 원

願我臨欲命終時 盡除一切諸障碍
원 아 임 욕 명 종 시 진 제 일 체 제 장 애

面見彼佛阿彌陀 卽得往生安樂刹
면 견 피 불 아 미 타 즉 득 왕 생 안 락 찰

보현보살 지혜행을 모두닦은후
문수보현 따르면서 이룬선근을
중생에게 하나하나 회향합니다.

시방삼세 부처님을 찬탄하고서
높디높은 많은행원 모두닦은후
보현보살 높은행원 닦으며이룬
모든선근 빠짐없이 회향합니다.

⑮ 극락왕생 하겠습니다.
목숨다해 임종하는 마지막순간
모든업장 모든장애 소멸시키고
대자대비 아미타불 만나기위해

我旣往生彼國已 現前成就此大願
아 기 왕 생 피 국 이 현 전 성 취 차 대 원

一切圓滿盡無餘 利樂一切衆生界
일 체 원 만 진 무 여 이 락 일 체 중 생 계

彼佛衆會咸清淨 我是於勝蓮華生
피 불 중 회 함 청 정 아 시 어 승 연 화 생

親覩如來無量光 現前受我菩提記
친 도 여 래 무 량 광 현 전 수 아 보 리 기

130

아미타불 극락세계 왕생합니다.

고통없는 극락세계 왕생후에도
중생에게 이로움을 주기위하여
보현보살 넓고크고 높은행원을
하나하나 빠짐없이 이루렵니다.

부처님의 청정하신 증회도량인
깨끗하고 아름다운 연꽃속에서
무량광불 부처님을 친견하고서
부처님의 성불수기 받겠습니다.

부처님의 성불수기 받은후에도

蒙彼如來授記已　化身無數百俱胝
몽 피 여 래 수 기 이　화 신 무 수 백 구 지

智力廣大徧十方　普利一切衆生界
지 력 광 대 변 시 방　보 리 일 체 중 생 계

⑯ 總結十門無盡願
총 결 십 문 무 진 원

乃至虛空世界盡　衆生及業煩惱盡
내 지 허 공 세 계 진　중 생 급 업 번 뇌 진

如是一切無盡時　我願究竟恒無盡
여 시 일 체 무 진 시　아 원 구 경 항 무 진

⑰ 經殊勝功德
경 수 승 공 덕

十方所有無邊刹　莊嚴衆寶供如來
시 방 소 유 무 변 찰　장 엄 중 보 공 여 래

한량없는 백천만억 몸나타내고
지혜의힘 시방세계 널리펼치어
중생에게 이로움을 주겠습니다.

⑯ 영원토록 닦겠습니다.
허공계와 중생계가 끝날때까지
중생업과 중생번뇌 끝날때까지
이러한것 하나라도 남아있는한
영겁토록 보현행원 닦겠습니다.

⑰ 이 경 공덕 매우 큽니다.
시방삼세 모든세계 채울수있는
온갖보배 부처님께 공양하고서

最勝安樂施天人 經一切刹微塵劫
최 승 안 락 시 천 인　경 일 체 찰 미 진 겁

若人於此勝願王 一經於耳能生信
약 인 어 차 승 원 왕　일 경 어 이 능 생 신

求勝菩提心渴仰 獲勝功德過於彼
구 승 보 리 심 갈 앙　획 승 공 덕 과 어 피

⑱ 通顯諸行益
통 현 제 행 익

卽常遠離惡知識 永離一切諸惡道
즉 상 원 리 악 지 식　영 리 일 체 제 악 도

速見如來無量光 具此普賢最勝願
속 견 여 래 무 량 광　구 차 보 현 최 승 원

좋은안락 하늘이나 사람들에게
찰진수겁 보시하는 사람보다도

높디높은 보현행원 잠깐이라도
귀로듣고 마음으로 믿음을내고
간절하게 보살의길 가려고하는
이사람의 공덕들이 더많습니다.

⑱ 모든 공덕 이루렵니다.
한순간도 나쁜마음 가지지않고
영원토록 고통세상 만나지않고
부처님의 한량없는 광명속에서
높디높은 보현행원 이루렵니다.

此人善得勝壽命 此人善來人衆生
차 인 선 득 승 수 명　차 인 선 래 인 중 생

此人不久當成就 如彼普賢菩薩行
차 인 불 구 당 성 취　여 피 보 현 보 살 행

往昔有無智慧力 所造極惡五無間
왕 석 유 무 지 혜 력　소 조 극 악 오 무 간

誦此普賢大願王 一念速疾皆消滅
송 차 보 현 대 원 왕　일 념 속 질 개 소 멸

族姓種類及容色 相好智慧咸圓滿
족 성 종 류 급 용 색　상 호 지 혜 함 원 만

諸魔外道不能摧 堪爲三界所應供
제 마 외 도 불 능 최　감 위 삼 계 소 응 공

날때마다 긴긴수명 향유하면서
날때마다 사람으로 환생하여서
보현보살 크고넓은 모든행원을
하나하나 빠짐없이 이루렵니다.

긴긴세월 우둔하고 어리석어서
무간지옥 빠질중죄 지었더라도
보현보살 큰행원을 읽고읽어서
일념중에 모든중죄 소멸합니다.

날적마다 좋은가문 좋은얼굴과
좋은모습 밝은지혜 원만히이뤄
악마들과 외도들의 범접을막고

速詣菩提大樹王　坐已降伏諸魔衆
속 예 보 리 대 수 왕　좌 이 항 복 제 마 중

成等正覺轉法輪　普利一切諸含識
성 등 정 각 전 법 륜　보 리 일 체 제 함 식

⑲ 結勸受持
결 권 수 지

若人於此普賢願　讀誦受持及演說
약 인 어 차 보 현 원　독 송 수 지 급 연 설

果報唯佛能證知　決定獲勝菩提道
과 보 유 불 능 증 지　결 정 획 승 보 리 도

삼계중생 온갖공양 받으렵니다.

머지않아 보리나무 밑에앉아서
악마군중 빠짐없이 항복받고서
깨달음을 이루고서 법을설하여
모든중생 이로웁게 하겠습니다.

⑲ 수지 독송 하겠습니다.
보현행원 읽고읽어 받아지니고
남들에게 널리널리 전하여주면
부처님은 그과보를 알수있으며
최고바른 깨달음을 이루웁니다.

若人誦此普賢願 我說少分之善根
약 인 송 차 보 현 원　아 설 소 분 지 선 근

一念一切悉皆圓 成就衆生清淨願
일 념 일 체 실 개 원　성 취 중 생 청 정 원

我此普賢殊勝行 無邊勝福皆廻向
아 차 보 현 수 승 행　무 변 승 복 개 회 향

普願沈溺諸衆生 速往無量光佛刹
보 원 침 익 제 중 생　속 왕 무 량 광 불 찰

偈頌 結
게 송 　 결

爾時 普賢菩薩摩訶薩 於如來前 說
이 시 　 보 현 보 살 마 하 살 　 어 여 래 전 　 설

此普賢 廣大願王 淸淨偈已, 善財童
차 보 현 　 광 대 원 왕 　 청 정 게 이 　 선 재 동

子 踊躍無量, 一切菩薩 皆大歡喜,
자 　 용 약 무 량 　 일 체 보 살 　 개 대 환 희

보현행원 읽는사람 짓는공덕을
아주작은 일부분만 말씀올리면
잠깐동안 생각하는 공덕으로도
중생들이 청정원을 이루웁니다.

고통바다 빠져있는 모든중생이
아미타블 극락세계 왕생하도록
높디높은 보현행원 닦아온공덕
남김없이 중생들께 회향합니다.

게송 결

보~현~ 보살님이 큰행원을 다부르니
선재동자 한량없이 기뻐하며 날뛰었고
보살님들 모두모두 크게기뻐 하였으며

如來讚言 善哉善哉.
여래찬언 선재선재

五. 流通分
오 유통분

爾時 世尊 與諸聖者 菩薩摩訶薩 演
이시 세존 여제성자 보살마하살 연

說 如是 不可思議 解脫境界 勝法門
설 여시 불가사의 해탈경계 승법문

時, 文殊師利菩薩 而爲上首 諸大菩
시 문수사리보살 이위상수 제대보

薩 及所成熟 六千比丘, 彌勒菩薩
살 급소성숙 육천비구 미륵보살

而爲上首 賢劫 一切 諸大菩薩, 無
이위상수 현겁 일체 제대보살 무

垢普賢菩薩 而爲上首 一生補處 住
구보현보살 이위상수 일생보처 주

灌頂位 諸大菩薩 及餘十方 種種世
관정위 제대보살 급여시방 종종세

界 普來集會 一切刹海 極微塵數 諸
계 보래집회 일체찰해 극미진수 제

부처님도 기뻐하며 칭찬하시었습니다.

5장 유통분

부처님이 불가사의 해탈법문 마치시니
문수보살 비롯한~ 거룩하신 보살님들,
이분들이 성숙시킨 육천명의 스님들~,
미륵보살 비롯한~ 현재겁의 보살님들,
보현보살 비롯한~ 일생보처 보살님들,
시방에서 찾아오신 극미진수 보살님들,
사리불~ 목건련등 많디많은 장로님들,
큰성문들 비롯한~ 여러하늘 하느님과
용과야차 건달바와 아수라와 가루라와
긴나라와 마후라가 인비인등 모든대중

菩薩摩訶薩眾, 大智舍利弗 摩訶目
보 살 마 하 살 중　대 지 사 리 불　마 하 목

犍蓮等 而爲上首 諸大聲聞 幷諸人
건 련 등　이 위 상 수　제 대 성 문　병 제 인

天 一切世主 天 龍 夜叉 乾闥婆 阿
천　일 체 세 주　천　룡　야 차　건 달 바　아

修羅 迦樓羅 緊那羅 摩睺羅伽 人非
수 라　가 루 라　긴 나 라　마 후 라 가　인 비

人等 一切大眾 聞佛所說 皆大歡喜
인 등　일 체 대 중　문 불 소 설　개 대 환 희

信受奉行.
신 수 봉 행

般若譯 漢文 普賢行願品 終
반 야 역 한 문 보 현 행 원 품 종

144

부처님의 말씀듣고 매우매우 기뻐하며
믿고지녀 받들어~ 행하기로 했습니다.

<한글세대 보현행원품 끝>

華嚴聖衆 精勤
화 엄 성 중 정 근

南無金剛會上 華嚴聖衆
나 무 금 강 회 상 화 엄 성 중

華嚴聖衆!(여러 번)
화 엄 성 중

華嚴聖衆慧鑑明
화 엄 성 중 혜 감 명

四州人事一念知
사 주 인 사 일 념 지

哀愍衆生如嫡子
애 민 중 생 여 적 자

是故我今恭敬禮
시 고 아 금 공 경 례

화엄 성중님 정근

금강회상 거룩하신 화엄법회에
참석하신 성중님을 염송합니다.

화~엄~성~중~ (여러 번)

화엄성중 밝은지혜 두루갖추고
온세상의 모든일을 두루아시며
모든중생 한량없이 사랑합니다.

화~엄~ 성중님께 일심귀의 하옵니다.

義湘大師 法性偈와 法界圖
의 상 대 사 법 성 게 　 법 계 도

의상대사는 원효대사와 더불어 신라를 대표하는 스님입니다. 원효대사와 함께 당나라로 공부하러 가던 중 원효대사는 중간에 되돌아오고 의상대사 혼자 당나라로 들어가 공부하였습니다. 당나라로 들어가는 과정부터 아주 드라마틱합니다. 삼국유사에 따르면, 중국 종남산 지상사로 지엄스님을 찾아갑니다. 지엄스님은 의상스님께서 도착하기 전날 저녁 꿈에서 계시를 받고 도량 청소를 깨끗이 하고 지극한 예로 의상 스님을 맞이하였습니다. 청출어람의 경지에 이르렀으나, 신라 국내 사정으로 귀국하게 됩니다. 귀국하여 10대 화엄 사찰을 창건하고, 화엄종의 초조가 됩니다.

　삼국유사를 쓰신 일연 스님은 "세상에서 의상 스님을 부처님의 화신이라고들 한다"고 소개하였습니다. 의상대사의　법성게와 법계도는 너무나 유명합니다. 법성게는 광대한 화엄경의 내용을 한문 210자로 요약한 것입니다. 법성게에서 그치지 않고, 법성게를 그림으로 표시한 것이 화엄일승법계도입니다. 고려대장경 법계도기총수록(K1502)에 의하면, 고금의 유명한 주석자들은 대부분 즉 법융 진수 현수 지엄 법장 표훈 지통 등 유명한 주석자들이 주석을 달았습니다. 화엄경의 내용을 210자로 요약한 것도 대단하지만 이를 법계도로 완성함으로 더욱 빛이 나는 것입니다.

무비·대심 법성게와 법계도

「대방광불화엄경 용수보살 약찬게」가 「화엄경」을 형식 측면에서 요약한 것이라면, 「법성게」는 「화엄경」을 내용 / 수행 측면에서 요약한 것입니다. 형식과 내용이 둘 다 중요하지만, 둘 중에서 구태여 하나를 선택하라면, 당연히 내용 / 수행 측면일 것입니다.

다른 경전들도 '무비스님의 큰 원력과 화엄경과 화이트헤드 연구회 학자님들의 노력으로' 지금의 우리말로 번역하거나, 번역하고 가사체로 다듬었지만, 법성게의 경우에는 참으로 어려웠습니다. 방대한 「대방광불화엄경」을 한문 210자로 요약한 내용을 '수행력이 부족하고, 화엄경에 대한 이해도 부족한 학자들'이 초역하고 지도받고, 수정하고 지도받기를 반복하기가 참으로 어려웠습니다. 그러나 결국 해 냈습니다. 김남경 교수님의 도움으로 가사체 법계도를 완성한 것은 참으로 큰 기쁨입니다.

활용 면에서도 전체 불경 중에서 반야심경 다음으로 많이 활용되는 걸로 알고 있습니다. 엄격하게 말하면, 경이라기보다는 논이라고 할 수 있는데, 논 중에서는 가장 많이 활용되고 있는 것으로 알고 있습니다.

예를 들어서, 49재에서의 핵심은 법성게입니다. 새벽 도량석에서도 다른 경전과 더불어 '논인데도 불구하고' 활용되고 있을 정도입니다. 내용을 알고 수행하기 위해서는 가사체 먼저 수행하고, 의상대사님과 직접 소통하고 싶으신 분은 한문까지도 독송하시기를 축원드립니다. 한문만 하는 어리석은 도반님은 없기를 축원드립니다.

義湘大師 法性偈
의 상 대 사 법 성 게

法性圓融無二相
법 성 원 융 무 이 상

諸法不動本來寂
제 법 부 동 본 래 적

無名無相絶一切
무 명 무 상 절 일 체

證智所知非餘境
증 지 소 지 비 여 경

眞性甚深極微妙
진 성 심 심 극 미 묘

不守自性隨緣成
불 수 자 성 수 연 성

一中一切多中一
일 중 일 체 다 중 일

一卽一切多卽一
일 즉 일 체 다 즉 일

一微塵中含十方
일 미 진 중 함 시 방

一切塵中亦如是
일 체 진 중 역 여 시

무비·대심 법성게

법의성품 원융하고 두생각에 안걸리니
모든법이 부동하여 고요하기 그지없다.
이름에도 모습에도 어디에도 안걸려야
모든것을 알아보는 참지혜를 얻게된다.
참성품은 깊디깊고 미묘하디 미묘하여
자기성품 고집않고 인연따라 나투운다.
하나안에 일체있고 일체안에 하나있어
하나가곧 일체이며 일체가곧 하나이다.
한티끌은 온우주를 고스란히 머금었고
낱낱티끌 각각마다 온우주를 품었구나.

無量遠劫即一念
무 량 원 겁 즉 일 념

一念卽是無量劫
일 념 즉 시 무 량 겁

九世十世互相卽
구 세 십 세 호 상 즉

仍不雜亂隔別成
잉 불 잡 란 격 별 성

初發心時便正覺
초 발 심 시 변 정 각

生死涅槃常共和
생 사 열 반 상 공 화

理事冥然無分別
이 사 명 연 무 분 별

十佛普賢大人境
십 불 보 현 대 인 경

能入海印三昧中
능 입 해 인 삼 매 중

繁出如意不思議
번 출 여 의 부 사 의

끝도없이 긴긴세월 무량겁이 찰나이고
찰나가곧 긴긴세월 한량없는 겁이로다.
세간들과 출세간이 서로함께 어울려도
혼란없이 정연하고 뚜렷하게 구분된다.
처음발심 한마음이 바른깨침 이룬때요
생사경계 열반경계 항상서로 화합한다.
근본진리 현상계가 따로없고 하나이니
부처님과 보현보살 모든성현 경계로다.
넓고깊은 해인삼매 오롯하게 이루어야
불가사의 무궁한법 빠짐없이 드러난다.

雨寶益生滿虛空
우 보 익 생 만 허 공

衆生隨器得利益
중 생 수 기 득 이 익

是故行者還本際
시 고 행 자 환 본 제

叵息妄想必不得
파 식 망 상 필 부 득

無緣善巧捉如意
무 연 선 교 착 여 의

歸家隨分得資糧
귀 가 수 분 득 자 량

以陀羅尼無盡寶
이 다 라 니 무 진 보

莊嚴法界實寶殿
장 엄 법 계 실 보 전

窮坐實際中道床
궁 좌 실 제 중 도 상

舊來不動名爲佛
구 래 부 동 명 위 불

- 義湘大師 法性偈 終 -
의 상 대 사 법 성 게 종

보배비가 중생위해 하늘가득 내려오나
중생들은 그릇따라 이로움을 얻는다네.
이러하니 수행자는 근본으로 돌아가서
망상심을 쉬지않곤 얻을길이 달리없네.
무인연의 좋은방편 마음대로 자재하면
보리열반 성취하는 밑거름을 얻음일세.
이말씀의 무진법문 한량없는 보배로써
온법계를 장엄하고 보배궁전 이루어서
결국에는 진여법성 중도자리 깨달아서
부동자리 돌아가면 이가바로 부처일세.

- 무비·대심 법성게 끝 -

義湘大師 法界圖
의 상 대 사 법 계 도

무비·대심 법계도

는	얻	을	움	로	이	라	따	릇	그	마	한	심	발	음	처	다	된	분	구
다	리	현	상	계	가	따	로	없	은	음	히	머	금	었	고	낱	낱	티	게
네	진	이	없	짐	빠	법	한	고	들	이	란	과	들	간	세	다	로	끌	하
이	본	드	계	로	다	넓	궁	하	생	바	스	출	긴	세	월	무	이	각	렷
러	근	러	경	롯	오	고	무	나	중	른	고	세	긴	라	찰	량	겁	각	뚜
하	다	난	현	하	매	깊	의	이	나	깨	를	간	이	가	고	겁	는	마	고
니	한	다	성	게	삼	은	사	니	오	침	주	이	없	곧	이	이	없	다	하
수	합	보	든	이	인	해	가	부	려	이	우	서	도	긴	라	찰	량	온	연
행	화	배	모	루	어	야	불	처	내	룬	온	로	끝	긴	세	월	한	우	정
자	로	비	살	보	현	보	과	님	득	때	은	함	나	구	었	품	를	주	이
는	서	가	중	생	위	해	하	늘	가	요	끌	께	어	울	려	도	혼	란	없
근	상	항	계	경	반	열	계	경	사	생	티	한	다	이	나	하	곧	가	체
본	으	로	돌	아	가	서	망	상	법	**의**	**성**	**품**	**원**	**융**	**하**	**고**	**두**	**생**	일
에	국	결	서	어	루	이	전	심	세	따	연	인	고	않	집	고	품	각	고
는	대	로	자	재	하	면	궁	을	일	라	에	도	모	습	에	도	성	에	이
진	음	한	문	법	진	보	배	쉬	처	나	름	참	다	된	게	어	기	안	체
여	마	량	얻	음	무	리	보	지	부	투	이	성	알	아	얻	디	자	걸	일
법	편	없	을	일	의	열	고	않	로	운	다	품	을	보	를	에	여	리	곧
성	방	는	름	세	씀	반	하	곤	바	다	없	은	것	는	혜	도	하	니	가
중	은	보	거	이	말	성	엄	얻	가	하	지	깊	든	참	지	안	묘	모	나
도	좋	배	밑	는	하	춰	장	을	이	나	그	디	모	야	려	걸	미	든	하
자	의	로	써	온	법	계	를	길	면	안	기	깊	고	미	묘	하	디	법	어
리	연	인	무	네	없	리	달	이	가	에	하	요	고	여	하	동	부	이	있
깨	달	아	서	부	동	자	리	돌	아	일	체	있	고	일	체	안	에	하	나

大方廣佛華嚴經 龍樹菩薩略纂偈
대 방 광 불 화 엄 경 용 수 보 살 약 찬 게

화엄경 약찬게라고 하면 통상 '용수보살 한문 약찬게'를 말하였습니다. 법성게가 내용 중심의 요약이라면, 약찬게는 형식 중심의 요약입니다. 앞부분에는 화엄 법회를 열 때의 참석 대중이 나열되어 있습니다. 보현 보살 등의 십신보살, 발심보살 등의 십주보살, 주가신 등 십행보살, 아수라왕 등 십회향보살, 도리천왕 등 십지보살 등을 나열하고 있습니다. 다음으로 법사 상수 등을 제시하고, 일반 대중을 제시합니다.

다음으로 선재동자님께서 53선지식을 찾아서 청법하는 과정이 있고 마지막으로 시방허공 세계에서 펼쳐지는 9회 7처 대법회에 대한 자세한 설명이 있습니다. 전체적으로 참으로 잘 정리하였습니다. 그러나 지금의 대한민국 사람으로서는 약간 미흡한 부분이 있습니다.

예를 들어서 십신·십주·십행·십회향·십지 간의 구분이 명확하지 않고, 십주에서 발심보살이 누락 되었습니다. 우리말은 동사가 중심인데 동사가 없으므로 화엄경을 완전히 파악하고 있는 대학자가 아니면, 윤곽을 잡고 화엄경을 공부하기가 어렵습니다.

시방허공 세계에서의 대법회 이름이 약찬게에서는 달리 제시되는 경우도 있습니다.

대방광불화엄경 무비·대심 약찬게

1. 용수보살 약찬게를 최대한 존중하면서, 우리말 특성을 살려서 번역하였고, 독송하기 좋도록 가사체로 다듬었습니다.

2. 용수보살 약찬게에서는 참석자 중에서 보살 하느님 신중 선지식의 존함을 일곱 자 한 줄에 한 분에서 세 분까지 중국식 발음에 맞추어 배치하였습니다. 무비·대심 약찬게에서는 네 자 한 줄에 한 분씩을 배치하였습니다. 또한 직위에 따라서 십신 십주 십행 십회향 십지에 따라 구분하여 배치하였습니다. 역할에 따라서도 법사로서 설법하신 분, 상수로서 참석하신 분, 일반 대중으로 참석하신 분을 구분하였습니다.

3. 또한 선재동자님께서 찾아 뵈온 선지식도 네 자 한 줄에 한 분씩을 배치하였습니다. 단 덕생유덕은 같은 장소에서 뵈었으므로 같이 모셨습니다.

4. 특히 시방 허공 세계에서 펼쳐진 9회 7처 법회에 대해서는 회차 별로 법회 장소를 먼저 제시하고 품의 이름을 제시하여 지금 우리가 이해하기 좋고 보기 좋게 하였습니다.

大方廣佛華嚴經 龍樹菩薩略纂偈
대 방 광 불 화 엄 경 용 수 보 살 약 찬 게

南無華藏世界海 毘盧遮那眞法身
나 무 화 장 세 계 해 비 로 자 나 진 법 신

現在說法盧舍那 釋迦牟尼諸如來
현 재 설 법 노 사 나 석 가 모 니 제 여 래

過去現在未來世 十方一切諸大聖
과 거 현 재 미 래 세 시 방 일 체 제 대 성

根本華嚴轉法輪 海印三昧勢力故
근 본 화 엄 전 법 륜 해 인 삼 매 세 력 고

普賢菩薩諸大衆·執金剛神身衆神
보 현 보 살 제 대 중 집 금 강 신 신 중 신

足行神衆道場神 主城神衆主地神
족 행 신 중 도 량 신 주 성 신 중 주 지 신

主山神衆主林神 主藥神衆·主稼神
주 산 신 중 주 림 신 주 약 신 중 주 가 신

主河神衆主海神 主水神衆主火神
주 하 신 중 주 해 신 주 수 신 중 주 화 신

대방광~ 불화엄경 무비·대심 약찬게~

화장세계 큰바다의 비로자나 진법신~
현재설법 노사나불 석가모니 부처님~
일체모든 부처님과 과거현재 미래세의
시방모든 성중님께 일심귀의 하옵니다.

해인삼매 힘을빌어 근본화엄 설하실때
보현등의 십신보살·십주인~ 발심보살
집금강신 신중신~ 족행신~ 도량신~
주성신~ 주지신~ 주산신~ 주림신~
주약신~·십행인~ 주가신~ 주하신~
주해신~ 주수신~ 주화신~ 주풍신~

主風神衆主空神 主方神衆主夜神
주 풍 신 중 주 공 신　주 방 신 중 주 야 신

主晝神衆·阿修羅 迦樓羅王緊那羅
주 주 신 중 아 수 라　가 루 라 왕 긴 나 라

摩睺羅伽夜叉王 諸大龍王鳩槃茶
마 후 라 가 야 차 왕　제 대 용 왕 구 반 다

乾達婆王月天子 日天子衆·忉利天
건 달 바 왕 월 천 자　일 천 자 중 도 리 천

夜摩天王兜率天 化樂天王他化天
야 마 천 왕 도 솔 천　화 락 천 왕 타 화 천

大梵天王光音天 遍淨天王廣果天
대 범 천 왕 광 음 천　변 정 천 왕 광 과 천

大自在王不可說
대 자 재 왕 불 가 설

普賢文殊大菩薩
보 현 문 수 대 보 살

法慧功德金剛幢 金剛藏及金剛慧
법 혜 공 덕 금 강 당　금 강 장 급 금 강 혜

光焰幢及須彌幢 大德聲聞舍利子
광 염 당 급 수 미 당　대 덕 성 문 사 리 자

及與比丘海覺等 優婆塞長優婆夷
급 여 비 구 해 각 등　우 바 새 장 우 바 이

주공신~ 주방신~ 주야신~ 주주신~
·십회향인 아수라왕 가루라왕 긴나라왕
마후라가 야차왕~ 제대용왕 구반다왕
건달바왕 월천자왕 일천자왕·십지인~
도리천왕 야마천왕 도솔천왕 화락천왕
타화천왕 대범천왕 광음천왕 변정천왕
광과천왕 대자재천 많은대중 오시었다.

보현보살 문수보살 법혜보살 공덕림~
금강당~ 금강장은 중생위해 설법하고
금강혜~ 광염당~ 수미당~ 대덕성문
사리자~ 해각스님 상수로서 참석하고
남자신도 여자신도 선재등의 동남동녀

善財童子童男女　其數無量不可說
선 재 동 자 동 남 녀　기 수 무 량 불 가 설

善財童子善知識
선 재 동 자 선 지 식

文殊舍利最第一
문 수 사 리 최 제 일

德雲海雲善住僧　彌伽解脫與海幢
덕 운 해 운 선 주 승　미 가 해 탈 여 해 당

休舍毘目瞿沙仙　勝熱婆羅慈行女
휴 사 비 목 구 사 선　승 열 바 라 자 행 녀

善見自在主童子　具足優婆明智士
선 견 자 재 주 동 자　구 족 우 바 명 지 사

法寶髻長與普眼　無厭足王大光王
법 보 계 장 여 보 안　무 염 족 왕 대 광 왕

不動優婆遍行外　優婆羅華長者人
부 동 우 바 변 행 외　우 바 라 화 장 자 인

婆施羅船無上勝　獅子嚬伸婆須密
바 시 라 선 무 상 승　사 자 빈 신 바 수 밀

毘瑟祇羅居士人　觀自在尊與正趣
비 슬 지 라 거 사 인　관 자 재 존 여 정 취

大天安住主地神　婆珊婆演主夜神
대 천 안 주 주 지 신　바 산 바 연 주 야 신

헤아릴수 없이많은 대중들이 함께했다.

지혜깊은 문수사리 보살님의 인도받아
선재동자 찾아뵈온 선지식은 덕운스님
차례대로 인도받아 찾아뵈온 선지식은
해운스님 선주스님 미가대사 해탈장자
해당스님 휴사여인 비목구사 승열바라
자행동녀 선견스님 자재동자 구족여인
명지거사 법보계장 보안장자 무염족왕
대광왕~ 부동여인 변행외도 우발라화
바시라선 무상승장 사자빈신 바수밀다
비슬지라 관음보살 정취보살 대천신~
안주주지 바산바연 보덕정광 희목관찰

普德淨光主夜神　喜目觀察衆生神
보 덕 정 광 주 야 신　희 목 관 찰 중 생 신

普救衆生妙德神　寂靜音海主夜神
보 구 중 생 묘 덕 신　적 정 음 해 주 야 신

守護一切主夜神　開敷樹華主夜神
수 호 일 체 주 야 신　개 부 수 화 주 야 신

大願精進力救護　妙德圓滿瞿婆女
대 원 정 진 력 구 호　묘 덕 원 만 구 바 녀

摩耶夫人天主光　遍友童子衆藝覺
마 야 부 인 천 주 광　변 우 동 자 중 예 각

賢勝堅固解脫長　妙月長者無勝軍
현 승 견 고 해 탈 장　묘 월 장 자 무 승 군

最寂靜婆羅門者　德生童子有德女
최 적 정 바 라 문 자　덕 생 동 자 유 덕 녀

彌勒菩薩文殊等　普賢菩薩
미 륵 보 살 문 수 등　보 현 보 살

微塵衆
미 진 중

於此法會雲集來　常隨毘盧遮那佛
어 차 법 회 운 집 래　상 수 비 로 자 나 불

於蓮華藏世界海　造化莊嚴大法輪
어 연 화 장 세 계 해　조 화 장 엄 대 법 륜

166

보구중생 적정음해 수호일체 개부수화
대원정진 묘덕원만 구바여인 마야부인
천주광녀 변우동자 선지중예 현승여인
견고해탈 묘월장자 무승군장 적정바라
덕생유덕 미륵보살 다시한번 문수보살
인도받아 찾아뵈온 선지식은 보현보살

티끌처럼 많은중생 구름처럼 모여와서
비로자나 부처님의 진법신을 뒤따르니
화장세계 대법륜을 조화장엄 함이로다.

十方虛空諸世界　亦復如是常說法
시방허공제세계　역부여시상설법

六六六四及與三　一十一一亦復一
육육육사급여삼　일십일일역부일

1世主妙嚴如來相　普賢三昧世界成
세주묘엄여래상　보현삼매세계성

華藏世界盧舍那　2如來名號四聖諦
화장세계노사나　여래명호사성제

光明覺品問明品　淨行賢首3須彌頂
광명각품문명품　정행현수　수미정

須彌頂上偈讚品　菩薩十住梵行品
수미정상게찬품　보살십주범행품

發心功德明法品　4佛昇夜摩天宮品
발심공덕명법품　불승야마천궁품

夜摩天宮偈讚品　十行品與無盡藏
야마천궁게찬품　십행품여무진장

168

시방허공 세계서도 구회칠처 삼십구품
십만게송 원만교인 화엄경을 설하셨네.

제1법회 법보리장 여섯품은 세주묘엄
        여래현상 보현삼매 세계성취
        화장세계 비로자나
제2법회 보광명전 여섯품은 여래명호
        사성제품 광명각품 보살문명
        정행품~ 현수품~
제3법회 도리천궁 여섯품은 승수미산
        수미게찬 십주품~ 범행품~
        발심공덕 명법품~
제4법회 야마천궁 네개품은 승야마천
        야마게찬 십행품~ 무진장품

⁵佛昇兜率天宮品　兜率天宮偈讚品
불승도솔천궁품　도솔천궁게찬품

十回向及⁶十地品　⁷十定十通十忍品
십회향급십지품　십정십통십인품

阿僧祇品與壽量　菩薩住處佛不思
아승기품여수량　보살주처불부사

如來十身相海品　如來隨好功德品
여래십신상해품　여래수호공덕품

普賢行及如來出　⁸離世間品⁹入法界
보현행급여래출　이세간품입법계

是爲十萬偈頌經　三十九品圓滿教
시위십만게송경　삼십구품원만교

諷訟此經信受持　初發心時便正覺
풍송차경신수지　초발심시변정각

安坐如是國土海　是名毘盧遮那佛
안좌여시국토해　시명비로자나불

大方廣佛華嚴經 龍樹菩薩略纂偈 終
대방광불화엄경 용수보살약찬게 종

제5법회　도솔천궁 세개품은 승도솔천

　　　　　도솔게찬 십회향품

제6법회　타화천궁 한개품은 십지품~

제7법회　보광명전 열한품은 십정품~

　　　　　십통품~ 십인품~ 아승기품

　　　　　여래수량 보살주처 부사의품

　　　　　여래십신 여래수호 보현행품

　　　　　여래출현

제8법회　보광명전 한개품은 이세간품

제9법회　급고독원 한개품은 입법계품.

화엄경을 깊이믿고 초발심시 정각이뤄

모든불토 안주하면 비로자나 부처일세.

〈대방광불화엄경 무비 · 대심 약찬게 끝〉

편집 후기

서울대학교 이장호 교수님의 권유로 '서양의 한계를 극복하고 동서양 통합 상담심리학을 세우기 위해' 이동식 선생님 교실에서 김종서, 이종익 선생님들과 금강경 공부를 시작하였습니다.

금강경을 독송하던 중, '근원도 알 수 없는, 저 자신의 저 깊고 깊은 곳에서 생명의 빛이 흘러나오는 것'을 발견했습니다. '저와 모든 생명이 함께 하는 빛, 생명의 빛'이 저의 깊은 곳에서 나오고 있었습니다. 내면의 빛뿐만 아니라, 날씨와는 무관하게 밖에서 불어오는 법풍(法風, 진리의 바람)도 저의 몸과 마음을 시원하게 해 주고 있습니다. 많은 분들의 은혜로 경전 출판까지 하게 되었습니다.

첫째, 무비스님께서는 '천진난만하시며(?), 대자대비에도 걸리지 않으시는, 살아 계시는 대 성현의 모습'으로 참으로 자상한 가르침을 베풀어 주셨습니다. 공역자의 자리에까지 내려와 주셔서 황송하고 황망할 뿐입니다. 참으로 고맙습니다.

둘째, 20년 넘는 세월 동안 매주 원고를 교정해주고 가르쳐 주신 두 분 선배님(안형관 선배님과 강수균 선배님)을 비롯한 화화회 회원님들(강태진, 김정옥, 김정자 선생님)에게 고마운 마음을 전합니다. 화화회에서 같이 했던 수많은 회원님들에게도 깊은 감사를 드립니다. 불교에 관해서 참으로 해박한 지식을 가지고 계시면서 가려운 곳을 긁어주고 모자라는 곳을 채워준 김남경 교수님께도 심심한 감사를 드립니다.

셋째, 눈이 되어주고 귀가 되어주고 손발이 되어주신 보리행 박혜정 보살님, 수선행 이수진 보살, 해광 조재형 거사에게도 고마운 마음을 전합니다.

넷째, 출판을 허락해 준 도서출판 운주사 김시열 사장님과 임직원님들께도 감사를 드립니다. 출판과 관련하여 '필자의 이런 저런 까다로운 요구'를 다 견뎌주고 협조해 주셨습니다.

마지막으로, 불교계의 어려운 출판 사정을 고려하여 출판에 많은 도움을 주신 동

173

참회원님들께도 심심한 감사의 마음을 전합니다. 많은 십시일반 동참회원님들과 108 동참회원님들의 동참으로 수월하게 출판할 수 있었습니다. 이 인연 공덕으로 부처님의 무량 복을 누리시고, 속히 성불하옵소서.

법보시 108 동참회

1) 도일스님	14) 조성흠	27) 유명애	40) 장충효
2) 수보리스님	15) 조성윤	28) 권준모	41) 도윤희
3) 남봉연	16) 서울독송회	29) 방애자	42) 김임용
4) 이진우	17) 대구독송회	30) 정인숙	43) 배문주
5) 민경희	18) KBS독송회	31) 세심화	44) 배영주
6) 고/안형관	19) 청안사	32) 정혜거사	45) 부산 보현회
7) 강수균	20) 미/정각사	33) 고/대원화	46) 박경아
8) 강태진	21) 송불암	34) 마가스님	47) 진여심
9) 김정옥	22) 북대암	35) 이종선	48) 김대진
10) 김정자	23) 이순랑법사	36) 박은희	49) 도안스님
11) 박혜정	24) 김남경	37) 한지민	50) 고/강호진
12) 조재형	25) 해원보살	38) 보명법사	51) 고/박종순
13) 이수진	26) 오일수	39) 김형일	

법보시 동참 계좌

신한은행 110-354-890749 조현춘(가사체금강경독송회)

이 통장으로 입금되는 보시금은 전액 '지정법당·군법당·병원법당·교도소·불교학생회 등에의 법보시, 불교기관에의 보시'로만 사용합니다. 고맙습니다. 참으로 고맙습니다.

가사체 금강경 독송회

대심 조현춘 010-9512-5202 합장

◉**무비無比 큰스님**(전 조계종 교육원장)은

부산 범어사에서 여환스님을 은사로 출가. 해인사 강원 졸업. 해인사·통도사 등 여러 선원에서 10여 년 동안 안거. 오대산 월정사에서 탄허스님을 모시고 경전을 공부한 후 '탄허스님의 법맥을 이은 대강백'으로 통도사·범어사 강주, 조계종 승가대학원·동국역경원 원장 역임. 지금은 범어사 화엄전에 주석하시면서 후학을 지도하며 많은 집필활동과 더불어 전국 각지의 법회에서 불자들의 마음 문을 열어주고 있습니다.

(다음 까페: 염화실)

◉**대심大心 조현춘**(가사체 금강경 독송회)은

서울대학교 이장호 지도교수님의 권유로 '동서양 통합 상담심리학'을 세우기 위해 금강경 공부 시작. 30여년 교수생활 중에 계속 '불교경전과 상담심리학'이라는 주제의 논문 발표. 화엄경과 화이트헤드 연구회·법륜불자교수회·한국동서정신과학회·한국정서행동장애아교육학회·대한문학치료학회 등의 회장을 역임하였습니다.

(다음 까페: 가사체금강경)

★정성들여 쓰신 사경집은

1. 가보로 소중하게 간직하거나
2. 본인이 독송용으로 활용하거나
3. 다른 분에게 선물하거나
4. 절의 소대에 불태워드리거나
5. 법당 불탑 조성시에 안치합니다.

한글세대 보현행원품과 한문 보현행원품 사경

초판 1쇄 인쇄 2022년 4월 19일 | 초판 1쇄 발행 2022년 4월 26일
공역 무비스님·조현춘 | 펴낸이 김시열
펴낸곳 도서출판 운주사 (02832) 서울시 성북구 동소문로 67-1 성심빌딩 3층
　　　전화 (02) 926-8361 | 팩스 0505-115-8361
ISBN 978-89-5746-690-2 03220　　값 9,000원
http://cafe.daum.net/unjubooks 〈다음카페: 도서출판 운주사〉